U0893037

真爱之旅

——陪伴孩子慢慢成长

郭飞霞 著

中原出版传媒集团
中原传媒股份公司

海燕出版社

图书在版编目（CIP）数据

真爱之旅 ：陪伴孩子慢慢成长 / 郭飞霞著. — 郑州 ：海燕出版社，2017.8（2018.9重印）
ISBN 978-7-5350-7244-3

Ⅰ.①真… Ⅱ.①郭… Ⅲ.①幼儿教育－家庭教育 Ⅳ.①G781

中国版本图书馆CIP数据核字（2017）第184591号

选题策划 黄天奇 李道魁
责任编辑 闫慧斌 宋国云
责任校对 高天
责任发行 贾伍民
责任印制 邢宏洲
书籍设计 韩青 牛征一

出版发行：海燕出版社
郑州市北林路16号（450008）
发行热线：0371-65734522 65727231
经　　销：全国新华书店
印　　刷：河南瑞之光印刷股份有限公司
开　　本：16开(635毫米×965毫米)
印　　张：11.5印张
字　　数：120千字
版　　次：2017年8月第1版
印　　次：2018年9月第2次印刷
定　　价：28.60元

本书如有印装质量问题，由承印厂负责调换。

目 录

第三章 学习爱的方法，了解成长的秘密

第四章 掌握爱的技巧，构建健康的心灵

第五章　为爱护航，规则是安全保障

第六章　解决成长中的焦点问题

序一

徒弟郭庆隆寄来他妹妹郭飞霞老师的书稿，希望我能写个序言。我翻了两页便停不下来，一口气看完。这本名为《真爱之旅——陪伴孩子慢慢成长》的亲子教育书，是不可多得的家长宝典。我可以肯定地说，这是一本含金量非常高，易明白、易掌握、易落实、易生效果的父母实操手册！

这本书的内容很全面，涵盖了 0 ～ 12 岁亲子教育的重点。第一章把亲子教育的几个关键点的定位搞清楚，名既正，则后面的言就顺了。例如，第一章问家长是否爱孩子，所有父母都会不假思索地回应“爱”，但是这个“爱”字怎样写才对，就大有文章了。很多父母正在做的事是以爱为名，在阻止、妨碍，或者代替孩子成长，产生的问题却被贴上“孩子不乖”“孩子笨”“孩子叛逆”等标签。20 年前我就有一个梦想，希望有一天社会有一套规定：结婚前须先学习、考试，领取“夫妻上岗证”；生孩子之前也须先学习、考试，领取“父母上岗证”。这个梦想的实现我看还遥遥无期，但如果实现的话，郭老师这本书应该是课本之一了。郭老师用很多实际的、操作性强的、简单的行为技巧解决孩子的成长问题。相比之下，时下很多亲子教育书籍不是内容片面就是过于理论化，不够接地气。这本书的第六章，更提供了大量家长问题的解答，非常实用。

我们每一个人接受生命、展开人生，为的是什么？有什么意义？答案很简单：是为了我们的家族生命系统的延续，而且是更好地延续，即经由平衡、稳定，以至发展、壮大。支持这个目的及意义的实现，我们追求成功快乐的人生，如此，代代生命的传承，才有可能不断地发展和壮大。而代代生命传承必经三个阶段：第一，恋爱、成家，以提供最好的空间给新生命；第二，新生命来到世界；第三，帮助孩子培养出他能照顾本人人生的能力，也就是亲子关系的意义所在了。

婚姻和家庭，除了让孩子有最好的成长空间，还有一个重要的意义：有一天孩子长大了，为事业、为国家，会飞走，而父母两人以人生伴侣的关系恩爱地终老一生。这是人类社会的核心结构部分，是社会稳定发展、国家富强的基础。可惜今天社会普遍的现象却是：婚姻是爱情的坟墓，婚后感情日淡，有了孩子之后，很多夫妻关系已经名存实亡。现在社会离婚率快速增长，孩子亦往往无法在成年前完成心理素质、心智模式方面的成长。

针对这一点，郭老师在第二章里指出夫妻关系大于亲子关系，这点正是今天社会里普遍被忽略的一个非常重要的“定海神针”。其实父母能给孩子的东西，最重要的除了生命的传承，就是一个良好的成长空间，亦即和谐恩爱的夫妻关系。一个孩子成长得怎样，完全由两个因素所决定：第一，父母的作为（或不作为）；第二，成长的环境，包括人、事、物各种因素。而孩子的学习（如果跟父母一起生活的话），不是来自父母的说话教导，而是来自父母的情绪反应及行为。郭老师用她本人成长的经历去证明上述论点，这最坦诚、最有说服力。

郭飞霞老师用平实的语言道出关键性的道理，她像一个老朋友般跟你谈家常，完全没有那种学者的高高在上、板起面孔说教般的态度。她使用非常多的生活中到处可见的事例，只是中间引入一些权威性的概念。同时，她的事例很有画面感，经常撩动读者的情绪使其产生认同感。这样，家长会轻易觉察过去自己无效的思想及言行模式，并且接受郭老师提出的更有效的方法。看这本书的家长完全不需要学术背景或专业知识，他们总有一些不尽如人意的亲子经验，因此根本就无须说服，一看到有这么多管用的方法，家长自然就会愿意尝试及改变了。这就是这本书的价值所在！

从郭老师的文字里可以看得出她有深厚的学术素养，也有非常丰富的教育工作经验，对于儿童的心智成长、生活技能的培育，以至亲子关系、父母的心智改变等，既有充分的理论基础，又有生动、易操作的行为指引。后来才知道她是学前教育专业出身，是早期幼教专家、南阳师范学院兼职教授，更已创办8家早教中心及幼儿园，培养出200多位教师，在校学生3000人以上。我奇怪她的很多论点跟我的非常一致，原来她参加过我的NLP（神经语言程序学）执行师课程及不少讲座、工作坊，让我更是觉得志同道合。

这本书，我衷心地推荐给每一位父母、幼儿教师、儿童教育工作者及家庭辅导师，我更会把它纳入我的数个学问平台的推荐书籍名单里，让更多的家庭受益。能够为这本书写序，我觉得很荣幸和有意义。

2017.3.14，杭州

序二

二月河现在亦是教育工作者了。因为尚在郑大任职，常给学子们上课，讲座论道，谈心向学。“二老师”，俨然成“导师”，还欣然应允了这些年。若种植以杏，当也有拃庹粗吧。故我对教育有感情，对教育者有敬重。这不是诳语，是内心的感觉。是以郭飞霞女士邀请我为其专著作序，就慨然愿意了。

抽了时间，翻阅郭女士的专著，我被吸引了，吃惊了，同时踟蹰了，有那么些时候，我不知道该怎样表达才好。因为，这是一部亲子教育专著；因为，二月河幼时没有受到多先进和多正规的家庭教育。

我的父母亲都是从战争年代过来的人，认为只要活着就是万幸，对待孩子就是顿顿吃饱、身体茁壮即最好，学习成绩怎样倒不太重视，甚至是忽略。何况父母亲都是单位的主要领导，公务烦琐，一心为公，没有时间也不懂怎样教育。父母亲下了班在门前空地上洗衣、种菜、栽树，让我帮忙提水，我一手拎一桶水，嘭嘭铿铿，震得地皮乱颤，干得很欢。父母看在眼里，喜在心头：只要孩子壮实有劲、健康成长，其他都不重要。父母虽粗线条式放养，但言传身教、潜移默化，给予了我乐观上进、自信自律、坚持不懈、忍让善良、孝亲友爱、重诺奉献等人生值得遵守的品质，这对我以后的成长和追求是关键的。虽然现在有所谓的“成功”，但因幼时缺乏科学先进的教育，我历经了比常人多太多的挫折和磨难。

我对女儿，也没有识见高远、明察秋毫的本领。我要求她乐于助人，善待贫弱，善到完全无心，不知不觉自然而然去帮助，见了讨饭的可怜人一定要给钱。讨饭的人中有骗子也有真可怜的，你帮助的一百个人里面九十九个是假的，帮对了一个，就会把九十九个损失都弥补了还有余。社会是丰富的、复杂的，是多彩的、多元的，我教育孩子“三个天下”：天下没有免费的午餐，天下没有不散的筵席，天下老鸹一样黑。主旨就是身体和思想健康成长，有危机意识、适应能力、奋斗精神、奉献观念，豁达乐观，自力更生，靠人不如求己，知进退盈亏，道法自然。但很遗憾，这是我对孩子青少年后期的教育，早期教育因为我不懂，那时正忙于创作，就疏忽了、缺失了。如果能看到这部专著，我会不仅爱孩子，更知道如何去爱、科学培养孩子。

郭女士的专著，就是解决这个问题的。正如文中例子：病人躺在手术台上，主刀医生非常诚恳地说自己没有受过多少手术方面的训练，但非常爱病人。试想，恐怕所有的病人面临这种“恐怖”的场景，都不会理解其“温情”，而是大惊失色、目瞪口呆，夺门而逃吧。同理，孩子是家长的希望，是家庭的未来，同样是我们民族的未来，做父母的哪个不对自己孩子充满美好憧憬呢？但哪位父母能够在孩子出生前学习过教育孩子的知识，受到过系统全面的家教培训？或者有过科学带孩子、培养孩子的经验？如何做合格的父母，做好父母，把“人之初性本善”的孩子养育成才，让他爱学习、勤思考、长智慧、有能力，尤其是让他正直、谦恭又充满爱心，让他茁壮成长直到成为参天大树，就不是每一位家长都能随便做到的了。

教育是一门充满爱和艺术的科学，如何亲子互动，开展教育？如何保护孩子的天真烂漫，保护其学习兴趣、酣畅淋漓的率性？其实只有保护孩子的天性，甚至野性，激发、保持孩子的想象力，未来，孩子才有更宏阔的成才空间，社会才具有更蓬勃的活力，才能实实在在提升中华民族的创造力。这是一项需要全社会关注的事业、功在千秋的事业、道阻且长的事业、深刻深远的事业。难得教育行家郭女士在行动，本著是她多年家庭教育的理论与实践成果，主旨着力保护孩子的天性和创造力，不以分数高低为优劣标准，通篇围绕一个“爱”字，注重父母与家对孩子的影响，强调环境与教育的巨大作用，播种爱、弘扬爱，培养孩子快乐活泼、安静专注、勇敢自信、勤劳善良、有独立性、有创新精神和创造能力。郭女士的文字语言简单晓畅，娓娓而谈，生动感人，逻辑严谨，理论透彻，深入浅出，富有专业性、针对性、艺术性和可操作性，对为人父母者，对幼教工作者，对众多的读者，有着全方位的启迪和帮助。她博览群书，广泛涉猎，“拿来主义”，洋为中用，吸收融会全世界的先进教育理念，精炼剔杂，推陈出新，去芜存菁，踵事增华，研精殚思到细微，无疑站到了专业制高点上。

父母是孩子家庭教育中最初、最好、最重要、最长相伴的老师，家庭早教的意义，润物无声，成功当下，惠励后人，如何强调和形容都不过分。这本专著的效应和意义，有家长和读者来理解和评价，亦不再赘述。但在我心中，郭女士本着一腔爱心和社会担当，写作出氤氲爱的专著，读后，令人有豁然开朗、恍然大悟之感，慨叹其妙、其深、其科学。我作为一位教育者唯能表示赞赏和佩服，向更多的家长和读者推荐，使爱源远流长、承传绵久，使孩子向美向善、成才成功，安稳踏实走好人生路，为国家、民族奉献才智。

故，我乐以为之序。

2017.5，南阳

第一章
寻找爱的方向，真爱从心开始

要让孩子成为一个什么样的人？如何正确爱孩子？如何让孩子真正感受到爱，在爱中汲取力量健康成长？我们需要从心开始，沿着成长的足迹，寻找问题的答案，并透过时光，感受生命的意义，用了解和接纳与孩子共绘美好的心灵地图，一起走上真爱之旅。

为什么要学习教育孩子

你是否想过这个问题——为什么要孩子？是为了生命的延续，还是使生命的体验更加丰富？或者仅是想要一个爱情的结晶？不管出于什么样的目的，总之，我们都期待自己的人生因为有了孩子的加入而变得更加幸福快乐，而不是平添焦虑和痛苦。如何才能轻松快乐地陪伴孩子成长？大部分的父母并不是天生就知道答案的。

美国心理学博士海姆·G. 吉诺特在《孩子，把你的手给我》一书中提到一个情景：假如我们躺在手术台上准备接受手术，而主刀医生却非常诚恳地说："我真的没有受过多少手术训练，但是我爱我的病人。"听到这里，想必所有的病人都会目瞪口呆，甚至夺门而出。试想一下，有多少父母在孩子出生前就系统学习过教育孩子的知识？又有多少父母有过科学带孩子、培养孩子的经验？不是说没有，但真的是少之又少。大多数父母会进入一个误区，复制自己童年的成长经历，延续自己父母的教育模式。尽管绝大多数父母都是十分爱自己的孩子的，但如果没有教育孩子的知识，就如爱病人的手术医生不具备手术知识和技能一样可怕。

社会在变迁，时代在发展，孩子天性禀赋各异，掌握正确有效的教育方法，树立科学客观的教育理念，搭建寓教于乐的教育模式，让孩子健康成长，羽翼渐丰，快乐翱翔，是每个家长人生中不可或缺的必修课！

父母的焦虑

为人父母的你是否还记得，孩子尚未出生时，你曾有过怎样的憧憬？我们会期望生下来的宝贝健康、聪明、漂亮、可爱……但随着宝宝出生日期的日益临近，几乎所有的父母只剩下了一个期许——宝宝只要健康就好！

我认识的一位妈妈回忆说，儿子豆豆刚出生时，在产房外焦急等待的丈夫看到儿子那一刻，首先做的不是端详豆豆的模样，而是迅速数了数儿子的手指头和脚趾，确定一切正常后才放下心来。

一个朋友的孩子泉泉，在上小学前的暑假，不慎从房顶摔下来，头部受伤昏迷不醒，被送到医院做了开颅手术。手术非常成功，孩子虽然暂时不会动，不能说话，但毕竟醒了。孩子的妈妈喜极而泣，说："孩子以后不管恢复得如何，我都感恩、接纳，能不能上学，能不能做其他什么，都不重要了。"

初次见到孩子时，当孩子的健康遇到问题时，我们的想法是如此简单，只希望孩子能够健全、健康。但曾几何时，我们的想法开始有了改变：孩子健康了，就希望孩子最好能再聪明一些，学习成绩再好一点，还要听话，要懂事，要乖巧……

泉泉的妈妈也是如此。当孩子神奇地恢复如初，可以正常上学后，这位妈妈再次见到我时，却显得非常焦虑。她说："泉泉是个非常聪明的孩子，可是没有发挥出潜力，成绩不够好。"我笑着对她说："您还记得泉泉躺在病床上的时候，我们的期待吗？"泉泉妈妈这时才笑起来，说："是啊！儿子应该是已经如我所愿了，我应该知足啊！"

这些年，我接触了很多不同年龄段的孩子和家长，感受到很多家长的焦虑和痛苦：学龄前孩子的家长纠结的是孩子的习惯和性格培养，上学以后孩子的家长头疼孩子的学习成绩，青春期孩子的家长焦虑孩子的叛逆。作为家长，他们的焦虑越来越多，快乐越来越少……

孩子不一定是天才，但都有潜力

近年来，市场上充斥着各种把孩子培养成天才的书籍，新手父母一拿到这种书籍，先是狂喜，接着便当教科书来实践，但接踵而来的往往是困惑和失落。殊不知，天才孩子寥寥无几，家长不要把自己的心愿强加于孩子。

天才的孩子，我想大家是见过或者有所耳闻的，无非是小学学完中学课程、13 岁考上名牌大学之类。但问题是，我们的孩子是天才吗？可能是，也可能不是。我们如何知道孩子是不是天才，又如何陪伴孩子成长呢？

首先，回到我们的本心，回到我们当初要孩子的初衷上来。我们当初要孩子，是为了丰盈自我的人生，是为了陪伴参与、守护孩子快乐成长，一路感受幸福、收获快乐，而不是自我施压，甚至给孩子施压。

不是每个孩子都是天才，但每个孩子都各有禀赋，潜力迥异。作为家长，要有一颗平常心，要保持一种尽力而为却又随遇而安的态度。孩子有 80 分的智商，我们能够用正确的方式教育和引导孩子，不给孩子造成困扰，让他最好地发挥出自己 80 分的潜力足矣。如果孩子的潜力是 50 分，在家长的正确引导下，孩子达到了 49 分，同样也应该开心满足。

孩子就像稻子的种子，我们家长就要当一个有经验的老农，给予这颗种子需要的土壤、阳光、空气，该施肥就施肥，该浇水就浇水，快乐地守护着，静静等待着它长成饱满的稻穗，而不是纠结它为什么没长成一支麦穗。在这个过程中，唯一不能忘记的是，争取到人生多一点的快乐，让自己享受陪伴孩子成长的过程，让孩子享受快乐的成长时光。

爱的前提是了解和接纳

我们采访100对父母，问他们是否爱自己的孩子，99%以上的父母都会说："爱，当然爱啊！""这还用问吗！"尽管嘴上说爱，但是我们看到身边很多家长的行为都偏离了爱的本质。因为期望值过高，他们总是不经意间从语言和行为上伤害孩子，违背孩子的成长规律去苛求孩子。

父母都想让自己的孩子身心健康地成长，但事与愿违，很多孩子都不能完全如父母期待的那样成长成才，有些甚至出现厌学、有网瘾、和父母形同陌路等问题。

我们苦苦探寻，剖析症结所在，原因很多，社会环境不良风气的带动，网络游戏的诱惑，错误价值取向的影响，等等。这些都会导致一些孩子没有感恩之心，没有敬畏之心，对父母的爱置若罔闻，自私自利，我行我素。这时我们才发现，我们并没有真正地了解孩子，甚至没有真正地了解自己。

痛定思痛，我们会领悟到：只有接纳了并不完美的自己，也接纳不完美的孩子，调整好自己的心态，学会欣赏孩子的每一点成长和进步，倾听孩子这朵小花动人的花开之音，才有能力做到轻松快乐地陪伴孩子成长，踏上和孩子一起成长的真爱之旅。

心灵地图：寻找成长的轨迹

在真爱之旅工作坊中，面对学习的家长，我总喜欢用“心灵地图”这 4 个字来诠释家庭环境对于孩子成长的重要性。我们有了孩子，都迫切地想教育好孩子，想让孩子得到幸福快乐，对孩子有很多的美好祝愿和无限期待。

18 岁，是孩子长大成人的年龄标志。在我们国家，满 18 岁就可以考驾照，拿到驾照后就可以独自驾车上路。在很多地区，都有给 18 岁孩子举办成人礼的习俗。我们在庆祝孩子长大成人的同时，更应该将一把生活的车钥匙交到孩子的手里，对他说：“去吧，开着属于你自己的车，走属于你自己的人生路！祝你找到属于自己的幸福快乐！”

幸福快乐这个目标有了，如何才能顺利到达呢？首先得找一份地图或者借助导航，有了正确的导引，才能更顺利地到达目的地。

其实，孩子在出发前，手里已经准备好一沓厚厚的地图，那是孩子自己从出生到18岁期间的岁月记忆，是孩子所有的人生经历。例如：父母之间的相处模式，在孩子的心中被刻画为如何经营婚姻家庭的地图；父母和孩子的互动场景，被刻画为如何教育孩子的地图；父母与他人交往的场景，被刻画为如何进行人际交往的地图……如果孩子所获得的地图是千疮百孔、破旧不堪的，那么孩子必然要经历茫然、失望、痛苦、纠结……孩子寻找到幸福快乐就要费些周折了。如有一个妈妈在婚姻里从来没有感受到快乐，她对孩子说："我在婚姻中很痛苦，每天度日如年，终于把你养大成人。以后你千万不要像妈妈一样，你一定要拥有幸福的婚姻，找到真正的幸福。"试问，这个孩子手中拿到的寻找婚姻幸福的地图是正确的吗？凭借这张地图，他能够找到真正幸福的婚姻吗？

我们那么爱孩子！然而真正的爱，是在孩子18岁那天，我们不仅仅是交给孩子一把崭新的人生钥匙，最重要的是一沓尽可能正确的心灵地图，让孩子充满信心和希望地踏上幸福快乐的人生道路，在这个过程中能够借助正确的指引，少走弯路，尽可能多地体验人生的美好！

分阶段掌握教育的重点

如何教育孩子，教孩子什么，是家长关注的焦点。针对孩子的教育，我们可以根据孩子年龄特点分为以下几个阶段：0～6岁称为婴幼儿教育，6～12岁称为儿童教育，12～18岁称为青少年教育。每个年龄阶段的教育侧重点都各有不同，如果家长不了解孩子各个年龄阶段身心发展的特点和规律，不按照科学的方式方法对孩子施教，就很容易步入误区，反而会影响孩子的健康发展。

我们先谈谈对0～6岁婴幼儿的教育。经常有一些家长为自己孩子出了问题而焦虑，希望可以立刻得到帮助和解决问题。殊不知，一棵果树的果实之所以又小又少，果树枝叶出问题只是表象，根部才是根本问题。根深才会叶茂，只有加强根部营养，才有可能硕果累累。而一旦根部出现问题，问题就不可能在短时间内解决。在孩子这棵幼苗成长的过程中，婴幼儿时期的教育可以称之为根基教育，也可称为培根教育或者固本教育。很多孩子和成年人呈现的问题都来自于生命的早期，也就是在孩子出生后重要的头几年。

著名的生理学家、心理学家及高级神经活动学说的创始人巴甫洛夫曾经说过：“从婴儿降生的第三天开始教育，就已经迟了两天。”中国人常说：“三岁看大，七岁看老。”这些都在告诉我们，婴幼儿时期的教育非常重要。

但是，当家长对孩子越来越早进行教育的时候，很容易走进各种误区。如家长发现孩子记忆力好，就让孩子今天背唐诗，明天学认字，后天学习《三字经》《千字文》。其实，孩子小的时候，如果家长让孩子只动脑不动手，孩子长大后很难聪明。为什么果农让葡萄树长到第三年再结果实？因为第一年就结果不利于葡萄树的成长，它会长不高也长不大，更影响以后结果实。同样，过早过度地让孩子使用脑部，就等于拔苗助长，不利于孩子的智力发展。

从广义上讲，婴幼儿时期的教育属于早期教育。在这个阶段，身为家长，一定要顺应自然、顺应规律，根据孩子不同年龄段的身心发展情况，进行培根和扶正，切莫拔苗助长。这是一个打基础的过程，要尊重生命的成长规律，不能盲目追求知识的掌握程度。

在我看来，早期教育的重点，首先是家长和孩子建立良好的亲子关系；其次应根据孩子的身心发展规律给孩子创设适合发展的环境，让孩子在和环境的互动中成长；再次是给孩子大量的探索自我和世界的机会，让孩子自我认知充分完善，身体能力充分发展，行为习惯良好养成，并对世界充满兴趣，为一生的学习和成长打下坚实的基础。

在 6 ～ 12 岁儿童教育阶段，家长容易步入的误区是只看重孩子的学习成绩，忽略了孩子性格、习惯，以及良好品质的培养。我就认识一些家长，只要孩子成绩好，在家就什么都不让孩子干，全家人对孩子言听计从，孩子想要什么就买什么。孩子只要威胁他们说不上学了或者离家出走，他们就害怕得不得了，孩子做什么他们都不敢管了。

这个年龄阶段，正是孩子形成良好品质和习惯的重要时期，家长不应只是听从或者顺从孩子，而应以船长的角色驾驭好孩子这艘船，给船的航行制订正确的目标，正确把控船的航向。这个阶段，家长如果什么都不管，任由孩子发展，同样是错误的。正如果农在种植果树的时候，一定会在该施肥的时候施肥，在该修剪枝条的时候及时修剪，不会任由果树疯长，进而影响果树成长和结果。

在 12 ～ 18 岁青少年教育阶段，家长容易步入的误区是不能正确看待和处理孩子青春期的情感萌动。本来没有多大事儿，有些家长反应过激，加上孩子处于青春期，体内激素水平比较高，情绪起伏不定，最终酿成不可挽回的后果。12 岁的女孩易欣上七年级，一个男孩上课给她写了个小纸条，说喜欢她。但是易欣刚看完纸条就被老师发现了，老师把这件事情告诉了易欣妈妈，妈妈听完很焦虑。为了彻底杜绝女儿早恋的行为，等易欣放学回家后，妈妈劈头盖脸把她批评一顿，不听任何解释，认定女儿早恋并且强调这样的行为很丢人。易欣无法接受妈妈这样的处理方式，因想不开选择了割腕自杀。

青春期孩子的教育重点之一是帮助孩子过好感情关，引导孩子处理好情感问题。父母在生活中要多关注、关心孩子的学习和生活，及时和孩子沟通。遇到问题，既不能大惊小怪，又不能无动于衷。这个阶段要多尊重和理解孩子，多从孩子的角度思考和分析问题，和孩子共同探讨解决问题的方法。家长要多提一些好的建议，引导孩子做出正确的选择。

在教育孩子的过程中，很多家长没有认识到孩子各个年龄段身心发展的特点和规律，将单一的方法贯穿在孩子整个成长教育中，是不合适的。有的家长奉行“棍棒底下出孝子”，对孩子从小打到大，毫不顾及孩子心理是否受到伤害。也有的家长对孩子从小宠到大，在孩子面前毫无原则和底线，导致孩子为所欲为……家长的这些做法在日常实践中都会引发很多问题。

所以，对孩子实施教育，既要了解孩子的年龄特点，有的放矢，又要方法多样。既不能拔苗助长，也不能听之任之、放任自流，要找寻规律，找到每个阶段的教育核心和重点。

第二章

摆正爱的序位，处理好三种关系

真爱需要学习。作为家长，首先要了解并处理好家庭中的三种关系：第一种是自己与父母之间的原生家庭关系，第二种是自己与伴侣之间的夫妻关系，第三种是自己与孩子之间的亲子关系。其次要调整好家庭关系中爱的序位，做到正确表达、有序传递，使爱能够畅通无阻地传达和接收。

了解自己，接纳父母——爱要“双回路”

在生活中，我们经常遇到努力做的事情远远偏离理想方向的问题，这让我们十分沮丧、失望、痛苦。

作为父母，最痛苦的恐怕是我们倾尽全力去爱孩子，而孩子却感受不到、不领情。这是因为，正确的爱是需要能力的。探索、学习、获得教育孩子的正确方法，陪伴孩子成长的过程，是一场通往认知自己、探索自己内在的勇者之旅。很多时候，我们会很感恩孩子，是他们的出现，让我们不得不重新审视自己的过去，修复旧有的创伤，联结爱和力量，重新整合自己。这是老天给予为人父母者一次难得的重生机会，我们是否能够抓住这次机遇，带着勇气，和孩子一起开始这场真爱的勇者之旅？

有一个 2 岁孩子的妈妈青芸对我哭诉，自己在父母的暴力下长大，母亲脾气尤其暴躁，对自己轻则呵斥，重则打骂。有一次，妈妈居然直接用正在做饭的热勺子打她，导致她背上烫起了很多泡。童年的记忆满是伤痕，她对父母怨恨不已，于是刚成年就逃离家庭、迅速结婚。但结婚不到一年，她就因无法忍受丈夫的暴力而带着儿子逃离家庭。青芸说，她想好好带着儿子生活，再也不让孩子过像她一样的人生，可当她独自带孩子时，却会因为一点点小事就火冒三丈，情不自禁地打孩子，打完以后又后悔不已，号啕大哭。她很诧异，自己是那么爱孩子，可怎么就管不住自己？

我们为什么时时有无力感？我们为什么没有存在的价值感？我们为何恐惧？我们为何不安？这些都能在我们童年成长的家庭——原生家庭里找寻到答案。

有一位家长叫岚岚，她的母亲是城里人，人长得漂亮，又有文化，还有正式工作，自然心高气傲。岚岚母亲认识岚岚父亲的时候，岚岚父亲正在北京当兵。他虽然出生在农村，但因为读书多，部队领导很器重，组织上谈过话，马上要给他提干，让他留在北京。在这样的情况下，岚岚的父母结婚了。

然而，岚岚出生以后，当了8年兵的父亲却意外地复员回家，没能留在北京。母亲当初是带着去北京生活的憧憬嫁给父亲的，等到最后却是失望。从此，家里再也没有平静过。在母亲的指责声中，父亲越来越颓废，母亲只有独自承担家庭的重担。岚岚母亲聪明能干，20世纪70年代末就开始经商，成为当地最早富起来的一批人。后来，她做过很多行业，都做得风生水起，但她总感觉人生有缺憾，认为自己最大的错误是找到了百无一用的父亲。她和岚岚说的最多的一句话就是，后悔找了父亲，要不是为了岚岚，早离婚了。

在岚岚的童年记忆里，母亲很忙，自己是外婆带大的，物质一直非常充裕，可自己并不快乐。因为母亲经常指责父亲，潜移默化中，岚岚也对父亲产生了一种抵触心理。

在心理学的家庭系统排列理论中，父亲代表着力量。一个人如果不接纳自己的父亲，就没有办法从父亲的身上汲取力量感，那么当他未来面对困难、抗击挫折时，将会缺乏勇气和力量。而母亲代表着爱、温暖、安全感以及价值感，对于孩子来说，母亲代表了整个世界，母亲的接纳就是世界对孩子的接纳。孩子依偎在母亲怀里时，会感觉世界是安全的、温暖的、有爱的，同时自己是有价值的，值得被爱、被关注。一个人如果不接纳自己的母亲，他就很难获得安全感，不容易信任他人，当然也很难感受到爱和被爱。

岚岚不接纳父亲，同时也不接纳母亲，因为家里氛围紧张得令人窒息。初中毕业，岚岚选择考取省会城市的一所师范学校，以最快的速度离开了家，再也不想回来了。除了要钱时，她很少与家人联系。3 年师范生活结束后，岚岚毅然拒绝了母亲已在本地为她安排好的工作，去了一个陌生的城市就业生活，只因为不想回家。母亲为此很伤心，跑到岚岚工作的城市买房子安置家，岚岚却不以为意，母女间感情淡漠至极。到了谈恋爱的年龄，有很多条件好的追求者，但岚岚都拒绝了。最终，岚岚选择了一位比自己大 8 岁的男人，只因为这个男人对她无限包容。就这样，岚岚带着对新家庭生活的无限憧憬走进了婚姻。

岚岚找的是相伴一生的爱人吗？当然不是！无限的包容，那是对于完美父母的期待和投射。她把没有从父母身上得到的爱，完全投射到了先生的身上。试想一下，有哪个男人可以永远无怨无悔地、像完美的父母那样对待她？

婚姻生活开始以后，岚岚很失望，她觉得丈夫什么都做不好。她发现，丈夫无论如何做，都不能让她满意，她总是有愤怒和委屈。

愤怒是什么？是没有力量的表现。许多人用愤怒掩饰自己的无力感，想改变他人，让他人变成自己理想中父母的样子。他人做不到的时候，他就用愤怒带来些力量，试图以此改变没有办法改变的事实。

事实上，岚岚的丈夫非常优秀，也很努力，自己的工作出类拔萃，性格很温和，对她包容忍让，尤其在岚岚孕育儿子的时候，更是百般呵护。儿子出生以后，岚岚的妈妈主动要求帮岚岚带孩子，她坚决拒绝了，这让妈妈很伤心。

不接纳母亲的人，很难真正去爱别人，也很难真正感受到别人的爱。

听了岚岚的倾诉，我告诉她，成长首先从接纳父母开始。我让她慢慢去理解父母，接纳他们在当时那个年代的选择和结果；让她换位思考，如果她出生到那个年代，做父母当时的角色，她会发现自己可能还没有父母做得那么好，更没有什么理由去苛责父母。

当岚岚开始走近父母、理解父母、真正接纳父母时，她惊喜地发现，她再也不需要到处去找爱和安全感，找力量和认同。因为，这些在她的身上一直都有，就像装在一个坛子里，被薄薄的一层纸密封，她只要愿意，随时吹弹可破，里面会涌出满满的爱和力量，源源不断，绵绵不绝，这是来自生命传承的能量。她只需要深呼吸，张开怀抱去接纳，只需要在内心深处对父母说：“爸爸妈妈，我爱你们，感谢你们给了我最大的礼物——生命，这里面已经包含了我所有需要的爱、勇气、力量！谢谢爸爸妈妈！”

后来，岚岚和父母关系越来越好，情绪越来越平和。再来看待婚姻关系的时候，她告诉我，自己突然明白，先生只是一个普通的男人，而自己也不过是一个普通的女人，对丈夫少了很多的期待和控制，内心深处涌动出更多在家庭中感受到的和谐与温暖。

童年缺乏爱，成年渴求爱

有一次学习催眠治疗课程，同班有一个女同学长得非常漂亮，30 多岁，留美博士，事业成功。她真诚地对我说：“我不是来学习当心理治疗师的，我是来治疗自己的。”因为她无论多么优秀、成功，都无法享受生活、享受快乐，无法拥有良好的两性关系。她数次恋爱都找的是比自己大 20 多岁的男人。初次见面，男人看到她都惊为天人，费尽心思去追求她，但一旦确立恋爱关系，他们又费尽周折想把她甩掉，并最终逃离她。她每次都痛苦不堪，不愿放手，要死要活。

她的困境，源于她从小生活在一个父母不和的家庭。在她 1

岁多时，母亲生了一个弟弟，重男轻女的父母就把她送到老家，由奶奶抚养长大。在人生重要的成长期，她没有享受过父爱母爱。缺乏父爱，没有力量感；缺失母爱，没有自我价值感。

她自己也觉察到，因为童年缺少父母的陪伴，她的内心对于爱是极度渴望但又极度匮乏的，这就是她要找大她20多岁的男人的原因——她在潜意识里寻找的是心目中完美的父母。一旦确立关系，她就要求对方像完美的父母那样呵护她，所以最终那些男人都逃也似的离开了。

她拿出照片和我分享，让我评判一下以前和现在的她哪个更漂亮。两张照片都很漂亮，但我不想告诉她，以前的她看起来更亲和，而现在的她因为多次整容，面部显得很僵硬。她之所以不断整容，是因为内在没有安全感、价值感，没有自信，不接纳自己。认识自己和改变自己很难，不过还好，她已知道去学习、疗愈和成长。虽然知道和做到还有一段距离，但起码她在路上还有方向。而我们身边有很多人仍在痛苦中，连方向都没有。如果把孩子比喻成要展翅飞翔的小鸟，那么母亲给予孩子的爱决定着孩子能飞多高，父亲给予孩子的爱决定着孩子能飞多远。所以，原生家庭对子女的影响将是终生难以磨灭的。

作为家长，一定要学会正确的教育方式，给予孩子更多的爱，让孩子快乐、幸福、踏实地成长，让孩子有颗乐观、豁达、积极向上的心，这样孩子才能一路带笑奔跑。

爱是人最基本的需求和向往。很多父母知道孩子在长身体，会及时给予孩子食物、水等长身体所需要的物品，但不知道孩子内心同样有需求——爱。你不满足孩子爱的需求，孩子在各个年龄段，都可能遇到各种各样的问题。我经常会观察孩子们在幼儿园的状态，发现有的孩子在烦躁不安时，如果老师走过去给予他一些关注，和他说说话，给他一个拥抱，抚摸一下，告诉他老师爱他，这个孩子的情绪就很容易平复下来，而且会很快专注于自己的活动。幼儿园的孩子如果缺乏爱和关注，很容易发生冲突，搞破坏，进而影响注意力，没有办法专注做一件事。

我们在上学的时候，如果哪个学科的老师最喜欢你，你的这个学科就很优秀；哪个老师特别讨厌你，你的这个学科一般会很差，你甚至不想去听这个老师讲课。一位家长说，由于上七年级的女儿粗心大意，在英语考试的时候忘记在试卷上写名字，老师为了让她长记性，罚她一节课都站在讲台上听课。这节课结束以后，孩子并没有因为英语老师额外“照顾”而受益，反而发誓再也不学英语了。

那么年轻人如果缺少了爱，会有怎样的表现？在社会上，我们常看到一些年轻人，为了吸引人的关注，穿着奇装异服，发型古怪，这何尝不是缺少爱和关注的表现！那么，老年人缺少爱和关注会怎样呢？你会发现很多老人变成了“老小孩”，像小孩子一样，通过动不动生气、发脾气来寻求爱和关注。甚至有的老人还以生病的形式来呈现爱和关注匮乏的状态，因为一生病就会得到爱和关注。他可能在意识上并不清楚自己的想法，潜意识却一直在指导自己生病。

夫妻关系大于亲子关系

在中国，很多家庭有了孩子后，就会把孩子摆在第一位。中国的很多妈妈在孩子面前会玩一个游戏——变脸。比如，看见孩子了，一边亲一边抱，对着孩子说："宝贝，妈妈想死你了！"正和孩子亲热呢，一回头看见先生了，会怒气冲冲地说："怎么这么晚才回来？死到哪里去了！"事实上，在孩子面前这样表现，会让孩子很难感受到妈妈的爱。因为前一分钟妈妈还喜笑颜开，后一分钟就乌云密布，孩子没有办法信任你是真的爱他。

有的爸爸非常爱孩子，如果妈妈照顾孩子不小心让孩子受伤了，爸爸便会指责和抱怨妈妈，这会让孩子非常困扰。因为孩子虽然脱离了妈妈的子宫，剪断了脐带，但和妈妈情感的那根隐形脐带并没有剪断，孩子越小联结越紧密。你喜欢他的妈妈，他同时接纳了你的喜爱；你讨厌他的妈妈，他同时接纳了你的厌恶。他在潜意识里，会分不清楚自己和妈妈。所以，如果爸爸对孩子表达爱，还是通过爱妈妈才更能让孩子接纳、感受到。反过来，妈妈处理对待爸爸的方式也是一个道理。

在一次聚会上，我的一位朋友带着女儿参加。她离婚了，女儿 4 岁，当她带着女儿见到我们的时候，身边一些人忍不住开始替她鸣不平，指责孩子爸爸的种种不是。没想到，这位母亲用最快的速度进行了制止："孩子的爸爸很优秀，很能干，很爱自己的女儿，他是一个好父亲。"这时，我看到小女孩黯淡的眼神发亮了。我在心里为这个优秀的母亲点赞，这才是爱孩子的正确方式。

孩子的身体里，一半是妈妈，一半是爸爸。为了让孩子心理健康、充满阳光，爸爸妈妈要互相接纳对方，不要在孩子面前议论、否定、指责对方，以免让孩子伤心和困扰。

很多有孩子的家庭，总喜欢把孩子放在第一位，夫妻关系放在第二位，随着孩子的出生，孩子变成了实实在在的小“第三者”。妈妈的眼里心里全都是孩子，忽略了夫妻关系，这是错误的处理方式。在一个家庭中，夫妻关系大于亲子关系，才更能让孩子感受到爱。温馨和谐的夫妻关系，是送给孩子最好的成长礼物。

老大就是老大，老二就是老二

在一次讲座中，我问在座的家长们：“在一个家庭中，男人和女人，应该把谁排在第一位？”很多妈妈回答：“当然是女人啊！”而爸爸们则笑着不作声。我问：“为什么要把女人排在第一位？”妈妈们给出了“因为女人付出多”“女人在家庭中重要”等诸如此类的理由。我告诉大家，正确的家庭系统排序，应该是男人排在第一位。妈妈们听完很惊诧，有的直接质疑说：“在我们家，我就是排第一位，我的收入比男人多，付出也多，我家先生也把我排在第一位，这没有任何异议啊！”

那么，为什么要把男人排在第一位？因为在人类几千年的文明史中，随着从母系社会过渡到父系社会，形成了男人在家庭中排第一位的习惯。比如在原始部落里，男人和女人的分工是不同的，负责洗衣、做饭、照顾孩子的是女人，负责狩猎、保护家庭成员的是男人。排在第一位，意味着需要担当更多的责任，男人要用勇气和力量为家庭挡风遮雨。

这就像自然规律，太阳从东边升起，从西边落下，不会因我们个人的意志而改变。人们只能依据自然规律，日出而作，日落而息，这样才是顺应规律，才可以健康正常地过日子。如果我们违背自然规律，白天休息，晚上工作，身体和心理就会出现健康问题。

在一个家庭中，女人如果排在了第一的位置，就会不自觉地承接男人在家庭中的责任，变得很辛苦而不自知，身心压力都很大，身体还有可能出现不良的状态甚至出现疾病。例如：有的女人因为潜意识里要承担更多，所以肩膀变宽，颈椎和肩膀出现疼痛；有的女人因为在内心不自觉地要让自己更强壮、更有力量，导致身体变胖，怎么减肥都没有效果；有的女人因为潜意识里想让自己更加像个男人，来扮演男人角色为家庭承担责任，甚至女性特质慢慢消失，女性器官（乳房、子宫等）发生病变。

分享到这里，妈妈们齐声说："还是把老大的位置让给男人吧！让男人归位。"是的，尊重男人，让男人正确站位，这个男人才会更加有担当、有力量，更愿意自觉、主动地为家庭付出，这个家庭也才会更和谐健康。女人排在第二位，并不是女人不重要，而是在这个位置上，女人可以得到男人的保护，可以让家庭更加和谐、幸福、稳定。“家庭系统排列”创始人、德国心理治疗师伯特·海灵格说过：“女人跟随男人，男人服务女人。”这也很好地诠释了家庭中男人和女人的序位和关系。

近年来，国家放开了二孩政策，一个孩子的教育问题就已令家长烦恼，又平添一个小天使，处理两个孩子的关系让很多家长更加困惑。他们纷纷咨询：“家有两个宝，大宝天天打二宝，仇视、欺负二宝。大宝甚至问我，什么时候收垃圾的能把二宝收走。家长应该怎么引导，才可以让大宝愉快地接受并喜欢二宝，使两个宝贝相亲相爱、共同成长呢？”

要让大宝、二宝和谐地成长，首先家庭序位要清晰明了。毋庸置疑，在一个有父亲、母亲、孩子的核心家庭中，排在第一位的肯定是父亲，第二位的是母亲，那么第三位就应该是大宝，第四位才是二宝。如果按照这个家庭序位排列，两个孩子的关系就会融洽很多。有很多妈妈嘴上说：“在我和孩子爸爸心里，大宝就是排在二宝前面的。”但是两个孩子一旦发生冲突，妈妈爸爸顺口就会说：“你是大的，怎么不让着弟弟啊！”“你的东西，弟弟摸一下怎么了？”这让大宝感受到自己的权益没有保障，怒气就会撒到二宝身上。下班回到家，父母眼里、心里都是二宝，不经意间会忽视大宝的存在。孩子非常敏感，二宝占了大宝的序位，大宝不打他才怪呢！但同时应理解，大宝是一种“恨亲”，他知道二宝是自己的亲人。

要想让两个孩子相处和谐、健康成长，必须让大宝归位，感受到自己的序位极其牢固，大宝才会安心做自己的事情，不把能量放在和二宝抢序位的对抗中去。我们都要养成一个习惯，看望新生宝宝时，如果上面还有大宝，就一定要带两份礼物，最好是一份大的礼物、一份小的礼物。先见到大宝，送上大的礼物说：“祝贺你，又多了一个小弟弟（小妹妹），现在这份小的礼物是送给他（她）的，你能带我看看他（她）吗？”这样做的结果，一定是大宝小脸蛋乐开了花，开开心心带你去见二宝了。

我曾经指导过一个妈妈，给她设计一个场景，重新让大宝归位，改善大宝、二宝的关系，效果很好。我告诉她：“你今天下班回家后，推开门就喊：‘宝贝们，妈妈回来了。’看看谁先来迎接你回家。”这位妈妈坚定地回答：“一定是二宝，大宝已经被我伤透了，不理我了。”我说：“不管大宝迎不迎接你，你都要第一个去拥抱大宝，告诉大宝你爱他，二宝哭了都先不要理他，让大宝感受到自己在妈妈心目中的重要性。”然后，又让这位妈妈回家设计一个分苹果的情境：准备四个大小不一的苹果，最大的给爸爸，第二大的给妈妈，第三大的给大宝，最小的给二宝，并告诉两个孩子：“就像超市买东西要排队，大宝先来到爸爸妈妈身边，就要排到前面。”当大宝感受到自己在爸爸妈妈心目中的重要位置，序位是正确的，他就会更愿意把爱传递给二宝，这个家庭就会和谐幸福。

和老人一起生活的大家庭，爱的序位也很重要。在三世同堂的家庭中，谁是排在第一位的？当然是爷爷和奶奶，其次是爸爸和妈妈，然后才是大宝和二宝。有的家庭把孩子排第一位，天天喊着“小祖宗”，心中装着“小皇帝”“小太阳”，全家人跟在后面服务。孩子是老大，谁都可以指挥，这样的家庭序位对孩子、对家庭都有害无益。

用一个企业做比喻，如果家庭是一个企业，企业的董事长就是爷爷奶奶，总经理就是爸爸妈妈，那么新来的员工是谁呢？肯定就是家庭里的孩子。企业里，董事长和总经理都跟在一个新来的员工后面听差遣，这个企业会发展得好吗？当然不可能。另外，再试想一下：如果一个企业的董事长不管事了，总经理很能干，但是总经理经常嫌弃董事长无用，觉得自己能力很强，动不动就训斥董事长，企业会和谐吗？员工会看好这个企业的发展吗？当然也不会。我们要践行尊重老人的传统美德，一定要懂得尊重老人，爱他们，这样，这个家庭才会一代代地传承幸福。言传身教是最直接而又深远的教育。

亲子依恋是爱的基石

英国精神分析师约翰·鲍尔比最早提出了依恋理论，认为早期亲子关系的经验形成了人的“内部工作模式”，这种模式是一种对他人的预期，决定了人的处世方式。这种“内部工作模式”会在以后的其他关系，特别是成年以后的婚恋关系中起重要作用，产生重要影响。

如果真的爱孩子，父母就要在宝宝出生后的头几年，和孩子建立良好的亲子依恋关系，这是孩子建立对这个世界的爱和力量的根源，孩子越小越重要。

如果你想让孩子一直和你保持良好的互动和沟通，就要在孩子生命的早期和孩子建立好亲子依恋关系。有些孩子一出生，妈妈认为自己带孩子太辛苦了，就交给爷爷奶奶带回乡下，等3岁以后再接回到自己身边。这个时候，孩子已经长大了、懂事了，他会不自觉地从心理到身体都离父母远远的。所以，家长们要切记，一定不要错过了和孩子建立亲子依恋关系的最佳时期，一旦错过，再想建立良好的亲子关系会变得很困难。

琪琪妈妈谈起自己小时候的成长经历，说由于家中女孩太多，她一出生就被寄养在乡下亲戚家，长到6岁才回城里的父母身边上学。她说自己一直难以融入原生家庭，和父母的关系尤其糟糕，从不愿意和父母沟通，也不愿意亲近父母。直到自己有了孩子，学习了很多课程，意识上才知道要接纳和爱自己的父母，但行为上始终难以做到。她说，大家很难相信，她下了很大决心也没有勇气挽着母亲的胳膊一起散步。

幼年期的孩子需要父母给予的是持久稳定的爱以及积极的互动关系，这会为孩子的健康成长奠定心理基础。

我们周围有一些成年人，花钱买了一件很昂贵的衣服，穿到了公司，本来想展示给大家看，结果因为10个人中有9个人说这件衣服不适合她，就把这件衣服束之高阁，再也不穿了。这样的人，非常在意别人的看法，以别人的评价来衡量自己，无法形成良好的自我认知，也没有力量去坚持做自己。如果是这样的状态，人就难以活得轻松快乐。越来越多的心理学家认为，是否自信、乐观取决于童年的亲子依恋关系的好坏。

我们经常会听到一些年轻的爸爸这样说："孩子小的时候，吃喝拉撒睡，照顾起来特别麻烦！把孩子交给妈妈带，等孩子大了、会跑会玩的时候我再带孩子。"事实上，当孩子大了，隔阂已经产生了，0～3岁期间，没人可以取代父亲的位置。男人代表着力量，父亲能够给孩子内心带来力量感。孩子长大以后，面对困难和挫折，最需要的是这种内在的力量给予他勇气，帮助他渡过难关！如果想让孩子长大后坚强、勇敢、不怕困难和挫折，爸爸就要多陪伴孩子。

我接待过一个家长，她的孩子龙龙在3岁时被诊断为轻微自闭症，被很多幼儿园拒绝，都建议孩子去特殊学校。妈妈为此东奔西走，希望能找到一个好的幼儿园，让龙龙能够融入正常孩子的集体中，接受和普通孩子同样的教育，更好地恢复。在一次讲座后，她找到了我，把龙龙带到了我面前，期待获得一些帮助。

我见到龙龙时，发现他眼神不和任何人交流，不说话也不和人打招呼。虽然已经3岁多了，但只能偶尔发出一两个单音字。妈妈说，他什么都知道，就是喜欢独自玩，不回应任何人。我简单了解了龙龙的家庭环境，知道龙龙妈妈和爸爸在孩子刚出生时就离婚了，龙龙妈妈对前夫很怨恨，坚持独自抚养龙龙，不让龙龙爸爸接触孩子。龙龙3岁时，她才发现孩子出现了问题，于是开始带着孩子去做各种各样的治疗。

我告诉龙龙妈妈，想让龙龙情况有所改变，就不要拒绝他和爸爸亲密联系，他的爸爸更能带他走出自闭症。自闭症儿童内心非常缺乏力量，他们喜欢躲在自己的世界里，而爸爸的爱，是伸向孩子内心世界的一双温暖而有力的大手，会带着孩子走出黑暗、走向光明。

龙龙妈妈非常配合，主动联系了龙龙的爸爸，让他参与到龙龙的康复训练中，并和龙龙爸爸一起制订了适合龙龙成长的计划和活动方案。后来，儿童之家伸出援助之手接收了这个孩子。在正常的、充满爱的环境里，龙龙的状态一天比一天好，经过 3 年的时间，几乎和正常孩子一样了。

爱的表达要让对方接收到

如何让孩子感受到爱？我们对孩子的爱表达得够吗？我经常告诉家长："要经常对你的孩子说'宝贝，我爱你'，有条件时最好每天说 10 遍以上，这样你的孩子更能感受得到爱。"

尽管只是一句简单表达，许多人却难以启齿，尤其是爸爸们。儿童之家的老师发现，很多孩子和妈妈、奶奶关系特别亲密，因为她们善于向孩子表达爱。虽然爸爸和爷爷也非常爱孩子，但羞于向孩子表达爱，孩子和他们就没有那么亲密。所以，爱孩子一定要用语言表达出来，孩子才能接收到。

我们要向孩子表达无条件的爱。那么，什么是有条件的爱呢？在生活中，我们有家长经常对孩子说："宝贝，赶紧吃饭！再不吃完，妈妈就不爱你了，不带你上街买玩具了。"这时，孩子会觉得你的爱是有条件的。这样做，虽然家长满心满意在爱着孩子，但我们爱的信号孩子不见得能够接收到。

如果你想让孩子接收到你的爱，你的爱必须是无条件的。事实上，我们心中想的和实际做的对孩子的爱，都是无条件的付出。但现实生活中，我们却往往不是这样表达的，我们让孩子们感受到的是：我要学习好，你才爱我；我要乖乖听话，你才爱我。家长们心里想说的和表达的不一致，会人为地给孩子造成不安全感。

我们要学会用正确的语言向孩子表达爱，下面看到的欣欣母女的对话就是在表达无条件的爱。妈妈对 3 岁的欣欣说："宝贝，妈妈爱你。"欣欣说："妈妈，我知道你为什么爱我。"妈妈问："那你说说，我为什么爱你？"欣欣说："因为我长得漂亮！"妈妈笑着说："不是这样的。"欣欣想了想，说："因为我会唱歌，会跳舞，又会弹琴。"妈妈又笑了，说："宝贝，都不是。"欣欣很诧异地问："那你为什么爱我？"妈妈说："只是因为你是我的孩子，所以妈妈才爱你。"这句话传递给了孩子什么信息？——爱是无条件的。无论我的孩子长相如何，能力怎么样，只要你是我的孩子，我都会在背后支持你、爱你。这句话给了孩子极大的安全感。

孩子对于爱的需求和成年人不同，我们家长除了用语言传递爱，还需要和孩子有身体的接触，这样更能让孩子感受到和父母的亲密联结。只要有机会，家长就可以拥抱孩子，抚摸一下孩子的背部，让孩子感受到父母的接纳和爱。晶晶妈妈分享：“我的女儿晶晶已经 12 岁，上七年级了，每天放学回家，第一件事情就是放下书包，扑到我怀里。我会给她一个大大的拥抱，再抚摸一下她的头发、肩膀、背部。女儿形容我的拥抱和抚摸就像充电一样，使她的心情一下就豁然开朗了。然后，她会满足地推开我，开心地做自己的事情。”

爱需要表达，爱要学会表达，要用孩子喜欢的方式去表达。外国人一见面就拥抱，中国人羞于表达，很难用肢体语言来表达爱，见面握握手算是客套了。但家长对于自己最亲密的孩子，一定要学会用肢体语言来表达爱。见到孩子，抱一抱、搓一搓、揉一揉，挠挠孩子的手心、脚心，让孩子在怀里咯咯直笑。你会惊喜地发现，当孩子又哭又闹的时候，只要你把孩子用力抱在怀里，一边抱一边说“宝贝，妈妈爱你”，孩子的身体就会慢慢变得柔软，情绪也会逐渐平复。许多孩子哭闹也是缺乏爱的表现，肢体接触带给孩子的爱更直接、更快速、更有效。

在儿童之家，老师们的一项重要工作，就是要向孩子表达爱。早晨入园、中午午休前，以及晚上离园时，是必不可少的表达爱的时间。老师给孩子一个大大的拥抱，告诉孩子“宝贝，老师爱你”，孩子在幼儿园就会感受到安全，情绪也会更加平和、喜悦。老师和家长都要学会用语言和行为表达对孩子的爱和接纳，让孩子沐浴着爱成长。

我在早教中心见过这样一位妈妈，她在耐心地陪伴 2 岁的孩子上游泳课。她的孩子比较敏感、怕生，不肯进游泳池，妈妈并没有着急、焦虑，而是在游泳池外耐心地陪伴孩子玩耍，和孩子一起做体操，逗引孩子拍水花、洗脚丫，快快乐乐地上了一节没进游泳池的游泳课。当孩子离开时，对游泳已经不再恐惧了。

陪伴孩子成长，并不是一味地让孩子勇敢地去尝试，而是当孩子不敢做某事时，我们更有耐心和爱心，鼓励和陪伴孩子去做，给孩子勇气，给孩子指引，这才是真正掌握了爱的方法和技巧。

第三章

学习爱的方法，了解成长的秘密

孩子为什么要爬行？为什么爱吃手？什么是敏感期？怎么会感统失调？如何培养孩子与众不同的品位和气质？在孩子成长的路上，他们不仅仅需要家长陪伴，更需要家长走进他们的心灵世界，了解他们身心发展的规律，探索他们成长的秘密，真正做到有效陪伴。

抓住孩子成长的关键期

亲情是天生的，爱孩子，是家长的本能。但如何给予孩子适合的教育，却是每个家长要学习和思考的。我们只有了解了孩子成长过程中身心发展的规律，才能做到真正地爱孩子，而不是打着爱的旗号去影响孩子的发展，甚至伤害孩子。

“我们确实不能创造天才，但我们给每个孩子实现其潜能的机会，使他成为一个独立、有安全感且平衡的个体。”这句话是意大利玛利亚·蒙台梭利博士提出的。在儿童教育领域，不得不提的就是这位全世界著名的教育家，同时她也是著名的哲学家和医学博士。蒙台梭利的教育思想被传播到世界各国，受到人们的认可和欢迎，就连美国著名的教育家杜威都称她为“历史上最伟大的女教育家”。

了解蒙台梭利教育，有助于了解儿童的心理发展和成长。蒙台梭利博士提出了敏感期的理念：当幼儿处于某个特定时期时，会产生一种敏感力。当敏感力产生时，幼儿内心会有一股无法抑制的动力，驱使他对他所感兴趣的特定事物产生尝试或学习的狂热，直到满足需求或敏感力减弱，这股力量才会消逝。蒙氏称这个时期为“敏感期”，有些教育家则称之为学习的关键期或教育的关键期。

蒙台梭利研究指出：敏感期是在一定的外界环境中出现的，环境提供了心理发展的必要条件。当环境与儿童的内部需要协调一致时，一切都会顺其自然地实现。处于敏感期里的学习多、快、好、省。对儿童心理发展的某一方面来说，同种同量的刺激，在敏感期内将产生更佳的效果。因此，敏感期是儿童教育的最佳时期，敏感期的教育至关重要。

蒙台梭利发现并总结了以下敏感期：

0～5岁是感觉的敏感期（2～2.5岁时达到顶峰）；

1～4岁是秩序的敏感期；

2个月～8岁是语言的敏感期；

0～6岁是动作的敏感期。

在蒙台梭利博士敏感期理论研究的基础上，国内儿童教育专家孙瑞雪老师发展和完善了儿童敏感期理论系统。

如果儿童不能在敏感期从事协调的活动，或者说缺乏适宜的环境，儿童将永远失去这个自然取胜的机会。敏感期之外的学习少、慢、差、费。

印度的一个狼孩，在狼群里生活到七八岁，被科学家发现时不会讲话，只会像狼似的引颈长嚎。尽管经过7年的教育，她也只掌握了45个词，勉强会说几句话。直到16岁生病去世时，其智力只相当于三四岁的孩子。生活在正常家庭的正常孩子，3岁时已经能说会道了，为什么狼孩直到16岁仍然没有掌握语言？就是因为错过了敏感期，错过了语言发展的最佳时期。

科学家把敏感期称为机会之窗。就像一个人站在屋内，敏感期到了，窗户是完全打开的，你和屋内的人讲话，他立刻就能听到；敏感期过去了，窗户是关闭的，你和屋内的人打招呼，他听不清楚。你要想让他听见就要敲窗户，大声说话。所以，抓住孩子的敏感期进行教育会事半功倍，错过敏感期进行教育就会事倍功半。

放开孩子的手脚，爱得过度就是束缚

一次，我遇到一个6个月大的女婴恬恬，由爷爷奶奶、爸爸妈妈一起带着到早教中心玩。那时天气并不太冷，但是恬恬却被裹得严严实实，小手上还戴着一双手套。我很奇怪地问：“今天不冷啊，怎么已经戴上手套了？”妈妈回答：“我们恬恬一出生就戴上了。刚出生的孩子总是用指甲抓脸，把脸都抓破了，我们就给她戴上手套了；后来又吃手，太脏了，戴着手套就吃不到了；

现在又到处抓东西，乱七八糟的东西多脏啊，戴着手套卫生。”爸爸补充说：“孩子奶奶是医生，有洁癖，你看把恬恬带得干干净净的。”奶奶对于自己带孙女的方式非常自豪，说：“我们恬恬都戴了6个月手套了。”

我听完家长的回答很震惊，提醒他们，长期戴手套会严重影响和限制孩子的发展，原因在于：孩子的口腔和手是早期认识世界的重要工具。婴儿刚离开母体不久、眼睛还没完全睁开时，小嘴巴就已经会张开到处寻找，找到妈妈的乳头就大口地吮吸。孩子饿了张口就哭，吃饱了就满足地睡觉。新生婴儿为什么会吃手呢？因为他根本不知道这是自己的手！婴儿认识这个世界是先从认识自己的身体开始的。稍加观察，家长就会发现孩子刚出生的时候，手脚会没有秩序地来回挥舞，有时候活动起来会把自己吓一跳。孩子的手一不小心碰触到嘴边，嘴巴就会迅速吮吸住手，他误以为这是妈妈的乳头。但是吮吸很久和多次以后，婴儿会发现这个不是妈妈的乳头，怎么吮吸都不能解除饥饿。但与此同时，婴儿有一个更惊奇的发现，自己可以控制手，想吃就拿来，不想吃就拿走。这样一次次地重复，他就能完全认识和控制自己的小手了。孩子也就是从认识手开始，慢慢探索认识和掌控自己的身体的，手配合口一起启动了对世界的认识和探索。他们看到什么抓什么，抓到什么吃什么，认识世界、探索世界的旅程从此开始了。如果控制了孩子的口和手，等于把孩子认识世界的途径切断了。

所以，这个年龄段孩子呈现的状态是喜欢吃手和抓到什么吃什么，甚至有的孩子看到拖鞋都会抓起来咬一口。家长对孩子限制得越多，孩子的学习能力就越弱；对孩子开放的自由度越大，孩子就越聪明。作为家长，如果认为孩子乱抓的东西不卫生，不妨在孩子周围放点干净的物品，如洗干净的毛巾和消过毒的玩具，甚至是妈妈的干净衣服，只要是不怕咬、没有毒害的物品，都允许孩子用口尝试一下。目前，市面上一些儿童家具涂的油漆是不会危害宝宝的环保漆，也不用担心宝宝咬。

恬恬家人听完非常后悔，奶奶更是以最快的速度把孩子的小手套摘下了。应该说，这家人是非常爱孩子的，但因为不了解孩子这个阶段生长发育的特点，反而给了孩子错误的或者是画蛇添足的关心和爱。

想一想在孩子的成长中，当他想用口和手进行尝试的时候，我们是否曾一遍遍地把孩子抱走，告诉他“不要动，不要摸”？当孩子想自己吃饭的时候，我们是否曾拿开了孩子的手，对孩子说“我喂你”？于是，孩子就有了一些不该出现的问题，比如不肯自己吃饭。事实上，觅食是小动物一出生就具备的能力，孩子这么聪明，怎么掌握不了这个能力呢？想象一下孩子吃饭的情景，八九个月大的婴儿看到饭菜就想动手抓，这个时期对孩子的引导很重要，家长需要及时把孩子的手洗干净，允许孩子抓饭吃。孩子用手抓饭，并不是一下子就能吃到嘴里，而是抓得到处都是，能吃进嘴里一点就很开心。随着锻炼的次数的增多，他撒掉的食物会越来越少，送到嘴里的会越来越多。婴儿从用手抓，慢慢会过渡到使用勺子、筷子。每一次吃饭，都是孩子难得的一次身体协调锻炼的机会，孩子在自主进食的过程中也获得了极大的满足感和成就感。

当家长不断地制止孩子的口和手进行探索和尝试的时候，孩子的内在感觉就被反复打断，孩子会很迷茫。一方面，他压抑不了自己的感觉，想去做。另一方面，孩子由于信赖父母，又会选择顺从。他的内在就会不断发生冲突，时间长了，孩子就会选择放弃，对尝试失去兴趣。我曾经看到一个极端的例子，妈妈喂女儿吃饭一直到小学三年级，妈妈不喂，孩子就不吃。

中国有个成语叫“心灵手巧”，然而心灵未必手巧，而手巧则能使心灵。多让孩子动手，孩子必定会更加聪明。

妞妞 6 个多月大，她的一些行为让妈妈很苦恼。比如妞妞经常用小手抠妈妈和自己的眼角、鼻孔和耳朵。如果妞妞在地上爬，看到墙上插座的小孔，也喜欢把手指塞进去抠一抠，妈妈感到又焦虑又困惑。

其实，妞妞这样做，正是在有序地发展自己的手部动作。三四个月大的婴儿用手抓物品都是大把抓、满手握。你给他一个小饼干，他会满手攥到手心，却怎么也吃不到嘴巴里，为什么？因为他的手部动作不够精细，手指没有很好地进行动作分化，还不能做到三指捏、两指捏。孩子的手指动作分化得越好，操作就会越精细，手眼协调性就越好，也就预示着孩子的学习能力越强。大多数孩子出生不久，就喜欢吃手，尤其是大拇指。在不断吮吸的过程中，孩子认识了自己的大拇指，然后开始探索使用食指。这时你会发现，孩子一看见小洞洞或者缝隙，都想用食指塞进去尝试一番。

在真爱之旅早教中心提供给 6 个月大孩子的课程中，教师会专门给孩子准备一个抠洞苹果的玩具。那是一个木头做的苹果，有绿色和红色的，苹果上面有很多的小虫洞，孩子的食指正好可以塞进去。我在课上观察到，6个月大的孩子一旦拿到这个抠洞苹果玩具，就会很专注地抠来抠去长达十几分钟，不舍得放下。孩子正是在抠的过程中，认识了自己的食指，锻炼了手部动作。抠来抠去正是孩子学习使用手这个工具的结果，是正常而又值得鼓励的行为，大可不必过度焦虑。

等到孩子慢慢长大一些，他开始从满手抓过渡到三指或两指捏物品。到了2岁左右，孩子甚至会熟练地运用手指穿针引线了。一次，我看到一个2岁多的女孩琦琦，拿着一盒小塑料珠和一根渔线，屏着呼吸认真地穿珠，用了将近30分钟时间，完整地穿好了一个手链。当她把手链拿给妈妈时，长长呼出了一口气，脸上洋溢着满足的笑。

作为父母，了解孩子的身心发展特点，放开孩子的手脚，给孩子及时提供适合他们操作的玩具是非常重要的。

爬行有多重要

看到小婴儿，我总会忍不住询问婴儿的父母，宝宝是否会爬、几个月学会爬的等关于孩子爬行的问题。为什么呢？因为爬行阶段度过得是否充分和足够，对孩子的发展非常关键。充分度过爬行敏感期的标准：一是时间充分，孩子从四五个月开始练习爬，一直爬到 1 岁左右；二是姿势正确，孩子能够做到手膝着地协调地爬行。

许多孩子没有充分度过爬行阶段，这与家长的观念有关系。例如，有的家长很自豪地说："我家孩子 10 个月就会走了。"先勿论过早走路好不好，首先可以确定的是，这属于典型的爬行时间不足。有的孩子因为太胖了，10 个月才会爬，这也属于爬行时间不充分。有的家长说："我家孩子不会爬，只会坐在地上挪着走。"还有的家长说："我家孩子爬的时候很有趣，一条胳膊在前，一条胳膊在后，像个战士一样匍匐前进。"这些都属于爬行姿势不正确。不管哪种情况，都属于没有完全度过爬行关键期。

还有一种情况属于完全没有度过爬行关键期，究其原因是家长不重视爬行或是娇惯孩子，不让孩子着地，认为地上脏、地上凉，不让孩子爬。再者，也有地域的原因。像中原地区冬天很冷，有些地方不供暖，许多夏天出生的孩子，到冬天该练习爬行时，家长给他们穿得太厚，束缚了他们的身体，他们就错过了爬行敏感期。

我给家长们讲爬行敏感期时，有些家长特别是老人，会不以为然地反驳："小时候不会爬没有关系，长大自然就会了。"事实并非如此，爬行不足有可能导致孩子感统失调。

什么是感统失调？1972 年，美国南加州大学爱尔丝博士首先提出感统理论。感统即感觉统合，就是人体在环境内有效利用自身的感官，把从外界获得不同的感觉信息（视、听、嗅、味、触等）输入大脑，大脑对输入信息进行加工处理并做出适应性反应的能力。感统不足或感统失调会影响大脑各功能区、感觉器官及身体的协调发挥，从而引发孩子日后学习、生活等方面的问题。

简单地说，大脑和动作之间不协调，这就是感统失调，表现为：身体动作不协调，跳舞不好看，动作不优美；没办法长时间阅读，一看书就犯困、流眼泪、眼晕，看书跳行、跳字……有些家长带孩子到早教中心上课，一看表，时间到了，跑得很快，抱着孩子就撞到玻璃门上了。我就和他们开玩笑：“一看您这种情况就属于感统失调，为什么呢？眼睛看到门框，告诉大脑能过去，不然不会跑那么快。结果跑到门口撞门上了，就是大脑和动作不协调，就是感统失调。”

感统失调对成年人有影响，对孩子影响更大。感统失调会造成孩子注意力不集中、专注力不强。我本人就是10个月会走路孩子的典型代表，没有经历爬行阶段。会走以后，动作不是很协调，身体经常在不经意间撞得青一块、紫一块。上学期间，注意力不集中，一节课坚持5分钟思想就开始抛锚。看书的时候跳行，阅读有障碍，学习要比别的学生困难。回忆起我的学习生涯，从小学到中学，老师给我写的学期评语，总是注意力不集中、爱做小动作。直到后来，我才清晰地意识到自己有学习障碍，很难专注地做事情，对于学习和工作很不利。

家长一般在什么时候会发现孩子注意力不集中呢？基本是在孩子上小学一年级的时候，由老师告知的。家长听后会很焦虑，会一遍遍地提醒孩子，先要求孩子上课认真听讲，再和老师沟通，期待老师对孩子多关注和提醒，然而效果往往并不明显。

国内外专家研究表明，感统失调一旦出现，便很难纠正。这是因为感统协调在6岁以前就基本形成，如果发现得晚将很难矫正。虽然6～12岁还有个矫正期，但做起来相当困难。有个家长听完我的讲座后，向我咨询："大女儿8岁了，就是老师说的感统失调。小时候保姆怕女儿磕着、碰着，天天抱在怀里，不让她爬。现在上课注意力严重不集中，眼睛看着老师，思想在开小差，该怎么办？"我提醒家长尽快带孩子参加感统训练进行矫正。于是，这个孩子每天放学后都去感统活动室里进行训练，各种姿势的爬行训练占了很大比重。我们可以想象一下，8岁多的孩子能不能抽出大量时间练习爬行？效果会不会很好？许多孩子坚持训练却收效甚微，只因错过了感统协调锻炼的最佳时期。

有一次我在苏州讲课，有个家长焦虑地说："孩子1岁5个月还不会爬，怎么办？"我说："尽量让他练习爬行。"他说："没法爬。往地上一放，他站起来就跑了。"这种情况非常正常，因为1岁多的孩子已经过了爬行敏感期，开始对走、跑、跳感兴趣。孩子在爬行敏感期内会热衷于爬，过了敏感期，对爬行不再感兴趣。这个时候再想锻炼孩子爬行，就需要付出更多的努力。家长在家不妨这样引导孩子，例如对孩子说："来，爸爸陪你爬。我们像小乌龟一样，不赛跑，赛爬。"在床上、地上以及上下楼梯，都用爬的方式。只有利用游戏和器械的形式，孩子才会重新对爬行产生兴趣。

后来，这位家长给我发来一封电子邮件，他说："老师您知道吗？听完您的讲座，我们全家总动员，都在地上陪孩子一起爬。”我就给这个家长回了封邮件：“1 岁多才开始学习爬行，尽管晚了点，但一定比孩子 3 岁，甚至是 4 岁、5 岁、6 岁再练习爬行效果更好！坚持下去，您肯定会有所收获。”因为，敏感期有个法则——年龄越大，效果越差！所以父母必须抓住孩子的敏感期，对孩子进行引导教育。

近年来，欧美一些发达国家禁止销售和使用学步车，只因过早、过多使用学步车会影响孩子平衡能力的培养。长期坐学步车，孩子还可能养成踮脚的习惯，日后一旦脱离学步车开始独自行走，就容易摔倒。

我们想象一下孩子在学步车里的状态，他无论如何横冲直撞都不会摔倒，这种情况下，动作结果传递给大脑的信息完全是错误的。另外，学步车的使用缩短了“爬”的时间，会造成孩子手脚协调度不佳、触觉经验不足，最终导致感觉统合失调，长大后专注力的发展也会受到影响。

世界卫生组织建议剖腹产的比例应该控制在 15% 以下，很多医学专家研究证明，剖腹产是引起孩子多动症的一个危险因素。而多动症也叫注意力缺陷，是指注意力涣散、情绪不稳定、动作过多。这是因为剖腹产的孩子在出生的时候没有经过产道的挤压，被动地离开母体，缺乏生命中第一次触觉和本体感觉的体验和学习。这种体验和学习的缺乏，比较容易让孩子产生情绪敏感、注意力不集中、手脚笨拙等感统失调的问题。

如果孩子出生时，家长选择了剖腹产，孩子出生以后就必须加强孩子的感统训练。一方面，建议多给孩子做抚触按摩，每天用手或者毛巾轻轻按摩孩子身体，促进孩子触觉平衡；另一方面，建议多给孩子提供运动游戏的机会，让孩子多进行滑滑梯、荡秋千、跳跳床等活动。

试想一下，如果一个孩子出生时，妈妈选择了剖腹产，但之后却没有给孩子做相应的感统训练，到了该爬时又没有让孩子充分地练习爬行，到了该学走路时又让孩子坐上了学步车，等孩子长大了，我们发现孩子多动、注意力不集中，就去盲目地责怪孩子，孩子冤不冤呢？

专注力是这样培养的

有个家长向我吐露，说 1 岁半的孩子让他很苦恼：“孩子太淘气了！我们家刚搬进新房子，孩子一进新家就和门把手较上劲了，每天不停地拧门把手，一遍遍地开关门。每次拧开门，他都会开心地大笑两声，然后咚的一声关上。之后，再拧开门笑两声，咚的一声又关上。这样反反复复，全家人都被他吵得受不了，不让他做他就大哭大闹。”

其实 1 岁半正是孩子手部精细动作——拧的关键期，随着手部动作的发展，孩子发现自己不仅可以拍、敲、打，自己的手腕一转、一拧，门就开了！这对于孩子来说，感觉真是太棒了！于是，他就开始不断体会拧的动作。从那天开始，家里的瓶瓶罐罐遭殃了：化妆品瓶的盖子被他拧没了，油瓶的盖子消失了，家里所有瓶子上面的盖子统统不见了……

这个时候，家长要给孩子准备螺丝螺母等玩具，让孩子能够锻炼拧的动作。孩子无论看到塑料、木头还是铁材质的螺丝螺母玩具，都会立刻被吸引，并反复拧紧、拧松，经常能玩20多分钟，你喊他他都不理。孩子在玩的过程中，大脑指挥动作，大脑和动作之间不断配合，会使感统越来越协调。

同时，孩子在拧的时候，眼睛、鼻子、耳朵都在专注于他的活动，甚至连嘴巴都在不自主地张着。孩子这种全神贯注的状态，正发展了专注力！如果想让孩子长大后注意力集中，就要从小开始培养，并且是年龄越小开始越好。通过什么方式进行培养呢？就是多提供适合孩子敏感期发展的玩具，让他专注地去玩，玩的时间越长，专注力培养得越好。

如果我们不给孩子提供适合敏感期的玩具，孩子就会自己到处寻找。当他费尽周折在家里找到一个适合自己的玩具，家长却有可能认为孩子淘气而限制孩子，就会影响孩子的发展。还有家庭虽然给孩子买了大量玩具，但发现孩子在玩的时候不专心，一个玩具没玩两分钟就丢掉了，这样就会埋怨孩子没长性，或者认为是玩具太多的缘故。其实，是因为我们提供的玩具并不适合孩子。孩子1岁时，我们买的是2岁孩子玩的玩具，他当然觉得太难，没有兴趣。孩子2岁时，我们还给孩子买那些1岁孩子玩的玩具，孩子又怎么会喜欢呢？

如果孩子拿到的是敏感期的玩具，他就会一件事情反复做，反复训练他的大脑和动作之间的协调能力，发展他的专注力。

重复是孩子学习的法宝

我们在教孩子学说话的时候，孩子一般不会当天教当天就学会。我们需要每天大量地、重复地跟孩子说“爸——爸、爸——爸”。许多天后，孩子可能突然会用稚嫩的声音发出“爸——爸”。不急不躁、一以贯之、持之以恒地向孩子重复各种词语，让孩子锻炼和学习，孩子的发音才会从不太清晰到越来越清晰，词语才会掌握得越来越多，语言运用得才能越来越好。所以，重复是孩子学习的法宝。重复不仅适用于孩子学语言，也适用于孩子掌握身体的许多动作。比如孩子一遍遍地跪爬、行走、上下楼梯，才能学会娴熟地控制和运用自己的身体。

科学研究证明，孩子在重复的过程中，反复的刺激会促进大脑细胞的发育，非常有益于孩子智力的发展。8～12个月大的宝宝特别喜欢扔玩具，你捡起来递给他，他还会扔掉，然后再捡再扔，一遍遍地重复。这些在成年人看来枯燥的重复动作，对于孩子来说每一次收获都是不同的。第一次扔，他也许发现了自己的手可以控制玩具；第二次扔，他也许发现了玩具还会响……不同的信息反复传送给大脑，会刺激大脑发育，加深大脑和动作之间的信息联结。而大脑和动作之间的信息网络联结得越好，孩子就越聪明。所以，要多和孩子做重复练习。

再如听故事，成年人听故事，听多了会烦，可孩子会百听不厌，一本书天天翻、每天读，仍然很喜欢。有个叫童童的 3 岁小朋友，把《我爱小黑猫》整整读了 3 个月，出门旅行还带着。这是因为，孩子每次阅读收获都不一样；每读一遍，孩子都会在大脑中构思一幅画面，读的遍数越多，大脑中的画面就会越丰富、越细致。童童读到第 10 遍的时候，有一天妈妈刚要再讲，童童却捂着妈妈的嘴巴说：“你不要讲，我来讲。”紧接着，她竟然一字不落地把故事讲完了。因为孩子在重复阅读的过程中，不但学习了大量词汇和语句，而且锻炼了观察和口语能力。

重复的语言和动作也有助于婴儿学习、理解语言以及消除不安全感。在给婴儿换纸尿裤前，要看着婴儿的眼睛对他说：“妈妈要给你换纸尿裤了。”也许说一次婴儿听不懂，但如果能每次重复地说完再做，反复多次后，孩子就会知道妈妈说过这句话后要做什么，会慢慢理解妈妈接下来的行为，最终不会因为恐惧焦虑而哭闹了。如果二话不说放倒就换，宝宝往往会因不适应而哭闹。

小婴儿最喜欢玩“躲猫猫”，你如果躲在他身后，一遍遍地叫他的名字，他就会一遍遍地回头寻找你。婴儿通过多次的重复，才会慢慢理解，原来妈妈短暂的不见并不是彻底消失，对于亲密照顾自己的人的短暂离开会减轻分离焦虑，甚至消除焦虑。

0 ～ 6 岁的孩子玩玩具，可以长时间、反复玩同样一个玩具，尤其是沙子、水、泥、树等简单的天然玩具。华德福教育提倡给孩子提供一些天然的原木，每天给孩子大量的时间，让孩子反复地进行搭建，正是基于这样的理论。

有研究表明，沙和水对于孩子的吸引力可长达12年。有条件的家庭，可以给孩子准备一个专门的玩水和玩沙的区域。孩子只要有时间，就一定会主动跑到这个区域玩，有的孩子甚至会持续玩两个小时以上。

让孩子反复玩积木、水和沙等，既对培养孩子的专注力、想象力以及创造力帮助很大，又对孩子未来学习几何有很大帮助。因为孩子在操作中一遍又一遍地重复，他的五种感觉——视、听、嗅、味、触，会随着这些重复操作的过程形成画面储存在大脑中。久而久之，积木、沙和水搭建及塑造的形状会深深地印刻在孩子的记忆中，以至于到孩子学习几何的时候，孩子会轻松地理解和掌握。

所以，在家庭中，让孩子重复玩、反复做，非常有必要！

让孩子爱上数学

“音乐能激发或抚慰情怀，绘画使人赏心悦目，诗歌能动人心弦，哲学使人获得智慧，科学可改善物质生活，但数学能给予以上的一切。”这是德国数学家菲利克斯·克莱因赞美数学的一段话，由此可见数学的重要性。那么在生活中，如何激发和培养孩子对数学的兴趣呢？

小男孩正正1岁10个月大。在过年期间，家里客厅的茶几上放了个大果盘，里面有许多瓜子、松子，正正看见就两眼放光。他跑到果盘旁，开始用手抓着玩，抓了十几分钟还没玩够，又跑到厨房拿了几个杯子、碗、盘子来，继续来回倒腾，整整玩了20多分钟。正正妈没想到，正正玩到最后，竟端着大果盘走到客厅的正中间，哗地倒了一地，还得意地说："妈妈，你看！"正正妈一下子就崩溃了，吼了正正一顿，还差点儿揍他。正正这是调皮行为吗？

孩子在2岁左右，正处于空间探索阶段，而他的探索和认知正是通过自身的感觉和动作来完成的。其实，这种空间探索从胎儿时期就有了雏形。妈妈在怀孕后期会明显感觉到胎儿在子宫里动来动去，就是因为胎儿在子宫内进行空间探索。每次胎儿的小脚一踢，有妈妈的子宫壁挡着，他会感觉到："哦，这个空间就是这么大！"以后每次踢腿都会碰到妈妈的子宫壁，胎儿也就感受到了空间，有了安全感。孩子出生以后，我们会发现小婴儿的肢体很容易受到惊吓，当他睡着的时候一蹬腿，有时会把自己吓一跳！为什么会这样？因为没有了妈妈子宫壁的阻挡，没有了空间的限制，小婴儿有些害怕。这时候，孩子就需要一遍一遍地挥动手臂，一遍遍地蹬着双腿，感受不同空间带来的感觉。慢慢地，他不再受惊了，可以安然入睡了，这就是孩子认识空间的一个过渡。

接下来，孩子还在不断地探索和认识空间。遇到滑滑梯，孩子会上去滑几十遍甚至上百遍也不厌其烦，就是因为他们在玩耍中探索空间的高低变化，感受高低上下的不同，一遍遍用身体去感觉空间，一遍遍用身体去探索变化。

有一次，儿童之家的孩子们去郊外捡落叶，在树林里发现了一个废弃的灶台。有个孩子爬进去一试，发现正好可以容一个人藏在里面，这个新发现让孩子们沸腾了。于是，每个孩子都渴望爬进去试一试。后来，老师就组织整班25个孩子排成队，一个个轮流爬进去并藏起来。藏进去的孩子蹲在里面，面带微笑，非常满足，后面等待的孩子则充满期待。在这个过程中，孩子们体验和学习到了空间的变化，所以很满足、很快乐。在家里，孩子总喜欢钻到小角落里、小柜子里、窗帘后边、桌子下面，用身体感受不同的空间。所以，我们多给孩子感受和认识空间的实践机会，就容易培养孩子对于空间的认识和调整的能力。

回过头来说，正正玩瓜子和松子，同样也是在感受空间的变化。一大盘瓜子或松子，成年人看一眼就能估算出来有几把或者几杯，因为成年人曾经操作过，有经验。但孩子没有操作经验，所以估算不出来，所以就想去亲手试一试。同时，杯子、碗、盘子里的空间不一样大，装到杯子、碗、盘子里的瓜子或松子的量不一样多，正正正是通过这些操作来感受空间和量的变化，学习数学。

蒙台梭利博士提出，2～6岁是儿童一生中最重要的数学敏感期。抓住数学敏感期对孩子进行教育，会让孩子以后学习数学更加轻松；错过敏感期，孩子学习数学会变得比较困难。曾经有个妇女带着7岁的儿子去求助蒙台梭利，说儿子不喜欢数学，想请教引导的方法。当蒙台梭利知道了孩子的年龄，说：“对不起，我帮不了您，因为一个孩子构建数学心智的最佳时期是在 6 岁以前。错过这个时期，再去引导他就会非常困难。”

蒙台梭利博士一生中研制了 88 种蒙氏教具，让孩子进行操作练习，发展心智。其中有一套教具就是用大小不同、形状各异的容器来锻炼孩子的空间感知能力，发展孩子对数学的兴趣。

所以，我最后对正正妈妈说：“您的孩子还不到 2 岁，已经开始对数学感兴趣了，你应该感到高兴啊！”正正妈妈感叹说：“不学习教育，真的没办法教育孩子啊！”

培养孩子的秩序感

作为家长，我们总是期望把孩子培养得聪明一点。其实，聪明与秩序感有着密切联系，要想培养聪明的孩子就要培养孩子良好的秩序感。那么秩序感如何建立呢？

婴儿来到这个世界，睁开眼睛那一刻，世界一片陌生。一会儿，过来了一个欣喜的男人，对着婴儿说：“宝宝，我是爸爸，爸爸。”一会儿又有一个人在身边说：“宝宝，我是妈妈，妈妈。”然后是爷爷奶奶、外公外婆……家人抱着婴儿在房间里不断走动，介绍家中各种物品给他认识，不停地告诉他这是什么、那是什么……

婴儿就像海绵吸水一样，不停地吸收着来自这个陌生世界的各种信息。他这个阶段的大脑就像个大仓库，每天不停有人往仓库里送书并随意堆放。想迅速从仓库里取出一本想要的书会比较困难，因为仓库太乱了。所以，孩子这时想对学到的知识迅速做出反应非常困难。但是，如果孩子能够建立大脑秩序，把仓库里的书像图书馆里那样分门别类地摆放并贴好标签，找书就会很容易。

那么，孩子的大脑秩序该如何建立呢？

首先，要给孩子的生活建立秩序感，因为外在秩序会影响内在秩序。孩子在 6 岁之前，大部分时间都在家庭中活动，所以家里的环境一定要整洁有序，教育孩子“从哪里拿的，放回哪里去”，帮助孩子建立秩序感。有些家长特别喜欢调换家里大家具的位置，今天把沙发放在这里，明天又挪到那里；今天在这个房间睡觉，明天换另一个房间休息。这时我们就发现，孩子会因为不适应而哭闹，因为他的秩序感被破坏了。所以在孩子小的时候，尤其是 4 岁之前，不要随便改变他的生活环境，尤其是大家具的位置。要让孩子闭上眼睛都能找到他的床在哪里、沙发在哪里，他大脑里的家庭环境井然有序。这是个潜移默化却又影响深远的问题。

其次，在生活中培养孩子的秩序感，可以让孩子多进行分类和排序的活动。如我们可以把颜色各异的玩具混在一起，并给孩子示范把相同颜色的玩具放在一起。1 岁的孩子虽然不知道什么是颜色，对于各种颜色的名称也认不清楚，但他们会迅速地按照不同颜色进行分类，将相同颜色的积木放在一起。我曾见到一个妈妈把一筐颜色各异的积木倒在地板上，给自己 1 岁 2 个月大、还不太会讲话的孩子玩。这个孩子竟然主动尝试分类游戏，不到10分钟，就把红色玩具全部拣回了筐子。然后，我们再给孩子示范将图形按照大小进行分类。慢慢地，可以再让孩子将图形按照颜色、形状的不同进行有规律的排序。

同时，我们还要利用生活中的场景，来帮助孩子建立分类记忆，提高孩子的秩序感。如孩子在生活中吃过很多水果和蔬菜，了解吃过的每一种水果和蔬菜的名字、外形和味道，但并没有水果和蔬菜的概念，家长就需要告诉孩子，苹果、香蕉、芒果等有一个共同的名字——水果，白菜、番茄、胡萝卜等，也有一个共同的名字——蔬菜，从而帮助孩子建立水果和蔬菜的概念。以后带孩子去超市，看到了新的水果，如菠萝蜜，要告诉孩子："这是菠萝蜜，它也是水果。"菠萝蜜这个概念就在孩子的大脑中被归类到水果这个篮子里。以后无论吃过多少水果和蔬菜，孩子都不会混淆，会在大脑中井然有序地分类记忆。

在我们周围有一些孩子，他们非常聪明，学习有方法、效率高，而且学习玩耍两不误。也有一些孩子上课认真学习，下课也认真复习，晚上还加点学习，到了考试的时候却有很多知识想不起来，反应较慢。这种差异就与孩子秩序感建立得好坏有关系。孩子内在秩序感强了，自然就会举一反三、触类旁通、反应敏捷，学习能力强。

发展孩子的五种感官

每个人都有五种感官——眼睛、耳朵、鼻子、舌头和身体其他各部位，孩子学习的主要途径就是这五种感官。要想让孩子对学习有兴趣，就需要发展孩子的五种感官。五种感官摄取信息的能力强，摄入并输送给大脑的信息多，孩子做出的判断就会相对全面和准确。

“告诉我，我会忘记；做给我看，我会记住；让我参加，我就会完全理解。”这段话充分地诠释了孩子不同的学习方式产生的学习效果。0～6岁是五种感官发展的重要时期。这个阶段，重要的不是让孩子学到更多知识，而是更全面地开发孩子的感觉器官，让孩子眼睛愿意看，耳朵愿意听，鼻子愿意闻，嘴巴愿意尝，手愿意操作。带孩子出门，见到汽车，要引导孩子仔细观察，这辆汽车是什么颜色，那辆汽车是什么颜色，锻炼孩子辨别观察的能力；听到小提琴的声音，要引导孩子猜猜是什么声音，培养孩子倾听的兴趣和能力；见到鲜花要鼓励孩子闻一闻，吃苹果时让孩子说一说苹果的味道，培养孩子嗅觉和味觉的兴趣和能力；新买的建构玩具，鼓励孩子马上动手试一下，拆一拆、装一装，培养孩子动手操作的兴趣和能力……经过这样的锻炼，孩子见到什么都想去观察、尝试，而且会运用所有感官去帮助自己完成操作，孩子就具备了学习的兴趣和学习的能力。那么，我们还需要担心他的学习吗？

学习是一生的事情，需要活到老学到老，所以相对于知识，学习兴趣和学习能力才更重要，更具有效力，可以让孩子一劳永逸、受益终身。

发展孩子语言要亲子沟通与亲子阅读并重

语言能力是一个人一生中极为重要的生存能力，良好的语言表达和沟通能力也是现代人才的必备素质。

我曾经遇到一个小女孩悠悠，她 2 岁时还不怎么开口说话，只会发单音节音。悠悠妈妈带悠悠去医院排除了疾病原因后，又带着悠悠来咨询我。原来，悠悠的爸爸在部队工作，常年不在家，妈妈工作很忙，悠悠出生以后一直由奶奶照顾。奶奶性格内向，不爱说话，爱看电视，每天都抱着悠悠看电视。而妈妈下班回到家，总是忙着做家务，基本没有时间和孩子沟通。我告诉悠悠妈妈，由于她们家里不具备孩子学说话的环境，所以孩子的语言能力才提升得很慢。不过，既然孩子会说一个字，那就肯定能说一句话，现在她们需要做的就是改变悠悠的语言环境，对悠悠进行正确有效的熏陶和引导。

悠悠妈妈很诧异地问我："电视上的播音员说的都是普通话，悠悠天天看，怎么就学不会呢？"其实，这种情况很容易理解。我们思考一下，孩子学习语言最喜欢跟谁学？最愿意听到谁的声音？一定是自己的父母！因为孩子在胎儿期，每天听得最多的就是来自父母的声音，这声音她最熟悉和亲切。所以，父母要多和孩子进行交流与沟通，而且和孩子说话时语速要尽量慢一些，重复说给孩子听，这样才有助于孩子学习语言。

同时，孩子早期学习语言还需要通过互动来学习，而看电视是被动学习，语速和词汇都不适合孩子，孩子很难模仿和理解。奶奶和妈妈今后要少带悠悠看电视，多和她说话。另外，语言是交流的工具，而对于悠悠来说，她并没有利用语言工具进行交流的迫切需要。因为，每当她需要什么的时候，只需用手一指，妈妈立刻就猜到了她的心思，马上满足她。久而久之，语言这个工具对她也就形同虚设了。所以，当悠悠有需求的时候，要有意识地教她表达出来，并且鼓励和肯定她，让她体验到语言表达带来的乐趣，她才会越来越喜欢表达。只要坚持这样做，孩子的语言能力就会有长足进步。

一周过去了，悠悠妈妈专程跑到学校，跟我分享好消息：“我们坚持按照您的方法去做，效果太好了！才一周，悠悠就能一口气说出 5 个字！”我问：“哪 5 个字？”悠悠妈妈说：“昨天下雨了，悠悠奶奶拿着伞下楼买菜，悠悠看见忙拉着奶奶手中的伞说：‘这是妈妈的。’而且，说完这句话以后，孩子的话匣子好像一下子打开了，小嘴巴开始不停地说话。”其实，悠悠已经到了语言的爆发期，我们只要给予孩子良好的语言环境，孩子的语言就能够正常地发展。

同时，我建议有孩子的家庭，家长要多给孩子讲故事。因为听故事不但可以丰富孩子的词汇，发展孩子的语言，培养孩子无限的想象力和创造力，还能让我们和孩子的关系更加亲密，而且教育孩子的最佳契机通常都在故事里。

当然，首先我们要学会给不同年龄段孩子挑选合适的故事书。如 7 岁以前的孩子，就适合绘本。绘本以绘画为主，只有少量文字，它不但能告诉孩子精彩的故事，还可以帮助孩子建构美丽的精神世界。国际上幼教专家公认绘本是最适合幼儿阅读的图书。

有些家长很愿意陪孩子读绘本，但很苦恼，不知道该如何陪伴小年龄段的孩子阅读绘本，因为孩子有时候会撕书，没有耐心，通常不能把一本书从头到尾读完。他们会随意翻开中间一页，看两页就丢掉不再看了。其实，这正是这个时期孩子的阅读特点，需要我们和孩子进行亲子阅读时，根据孩子的节奏去读。例如，家长在给孩子讲《猜猜我有多爱你》这本书时，孩子随手翻开其中一页，家长顺势就讲这页的故事内容给孩子听；孩子又翻到前面一页，家长就讲前面一页的故事内容；当孩子翻到最后一页，家长就说“故事讲完了”，孩子听完会咯咯直笑。跟着孩子的节奏，给他讲，陪他读，孩子就会对这本书越来越了解，慢慢就会喜欢从头阅读，直到自己能够绘声绘色地讲完整个故事。

同时，给不满 1 岁的孩子挑选绘本时，建议挑选纸张厚而结实、不容易撕坏的绘本，故事情节简单、字少图画多的绘本，如“米菲兔系列”就很适合婴儿阅读。1 岁多以后，孩子会说话了，可以挑选的绘本就更多了。如“青蛙弗洛格系列”“不一样的卡梅拉系列”“温馨恐龙系列”“鼠小弟系列”等，都非常适合 7 岁以前的孩子阅读。

给孩子讲故事，不仅可以密切亲子关系，还可以让孩子在故事中得到真善美的滋养，学习如何表达爱、如何交往、明白道理，逐渐形成正确的人生观和价值感。

如果想让孩子内心具备勇气，做个坚强、勇敢的孩子，那么，不妨和孩子一起阅读美国作家伯纳德·韦伯的绘本《勇气》。书中的每一幅图都在指点孩子该如何克服困难。孩子总是渴望自己的爸爸是个大英雄，充满力量、无所不能而又幽默滑稽，同时还能够保护自己。英国作家安东尼·布朗的绘本《我爸爸》就能满足孩子对于爸爸所有的期待。

讲故事还是和孩子沟通交流的绝佳工具。无论给多大的孩子直接讲道理，他们都不喜欢听，而且效果很差。但如果使用讲故事的方法和孩子沟通，你会发现孩子非常乐意遵守规则，容易沟通交流和达到我们的要求。所以，在孩子的成长过程中，讲故事和创编故事是父母不可缺少的一项能力。

当孩子早晨磨磨蹭蹭不愿意起床的时候，你可以对他说：“兔妈妈喊小兔子起床了，兔妈妈刚转过身，咦？小兔子已经坐起来了！”你会发现，刚讲到这里，孩子已经笑嘻嘻地坐起来了。然后，你可以继续讲故事：“小兔子闭上眼睛，兔妈妈会魔法，妈妈说‘变变变’，小兔子睁开眼睛，发现自己身上有衣服了！”听着听着，孩子就会微笑着配合地闭上眼睛，衣服就这样穿好了。然后，他会充满期待地等着你继续讲故事，愉快的一天伴随故事开始了。当你带着孩子去刷牙洗脸的时候，有时候孩子不太情愿，你可以说：“小兔子要跳着到卫生间喽——”你会发现，他立刻飞快地跳着进卫生间了。

孩子遇到问题，我们也可以用讲故事的方式去帮他解决。3岁女孩雯雯的妈妈求助：“女儿刚上幼儿园没几天，一天回家哭着说，一个孩子把她的书抢走了。虽然老师看到了要求那个小朋友道歉，把书还给了她，但女儿还是很伤心。我不知道该怎么安慰和引导孩子。”我告诉雯雯妈妈，遇到这种情况，直接给孩子讲道理是没有办法安抚孩子和教会孩子如何去做的，最好的方法就是用故事来抚慰孩子的心灵，并且教会孩子处理问题。可以把孩子抱在怀里，一边安抚好她，一边给她讲故事：在幼儿园里小青蛙拿着乐器在演奏，正玩得开心，突然霸道的老猫过来了，想拿走小青蛙的乐器。小青蛙不同意，老猫就上来抢。小青蛙没有老猫力气大，该怎么办啊？这时，它想起了长颈鹿老师的话，于是大声地说：“抢别人玩具是粗野的行为！老师老师快来！”老猫一听长颈鹿老师要来，就赶紧离开了。过了一会儿，小青蛙想：“我还有一个本领，就是跑得快，下次可以用这个本领保护自己。”雯雯妈妈告诉我，女儿听了故事后说：“妈妈，小青蛙还有一个本领，就是嗓门大，它大声呱呱叫，能把老猫吓一跳，那样就会把老猫吓跑了。”“是啊，你真聪明，还能想到这个方法！”雯雯妈妈进行了肯定。然后，她们又把故事反复表演了几遍，雯雯来扮演小青蛙，妈妈扮演老猫，两人一边演一边笑，不知不觉中，孩子的情绪得到了疏导，同时也学会了如何解决问题。

良好审美能力从小开始培养

孩子对于美的探索，一般出现在 2 岁左右，这份狂热的兴趣往往会持续到6 岁，这个时期被称为审美的敏感期或者是关键期。孩子会通过自己的观察和尝试，探索认识周围的世界，寻找适合自己的、美的事物，形成对美的认识。审美的范围极其广泛，有建筑、音乐、舞蹈、服饰、陶艺、饮食、装饰、绘画等。良好的审美能力可以丰富孩子的精神世界，进而使孩子感到愉悦，并进行自我完善。

在审美关键期，孩子在审美方面比较明显的表现是对物品的选择、自身的装扮以及艺术品的欣赏等开始有了独特的看法。如刚刚 2 岁的孩子已经开始按照自己的意愿选择衣服，男孩子早晨起床不穿妈妈准备好的衣服，非要穿儿童军装；女孩子要求天天穿裙子，甚至到了冬天还要求在厚厚的棉衣外面罩一个小裙子。

儿童之家有个小女孩乔乔，在 3 岁时固执地认为穿泳衣最漂亮，于是整个夏天都执拗地要求穿泳衣去上学。儿童之家的女孩子都被她感染了，个个都穿着泳衣上学。她们就像过节一样激动，相互打量时感觉又有趣又开心。就在乔乔妈妈不知所措的时候，一天早晨，乔乔突然对妈妈说："我不想穿泳衣上学了，我觉得你说得对，泳衣是游泳的时候穿的。"就是这么简单、这么突然，乔乔放下了自己原有的审美。

4 岁的小女孩晶晶，惊喜地发现妈妈送给自己的芭比娃娃玩具套盒里，有一双塑料高跟鞋正好自己的脚可以穿进去，于是从那天开始每天都穿着玩具高跟鞋走来走去，甚至穿着高跟鞋去上学。老师和家长对她的行为表示理解和接纳以后，她就美美地穿了一天。在这一天中，晶晶发现自己很引人注目，心里非常得意和满足。但同时她发现穿着这双鞋子，她没有办法奔跑和自在地玩耍。一天下来，小脚磨得又红又痛。第二天一早起床，晶晶就拿着玩具高跟鞋，悄悄地把它放进了玩具箱，要求妈妈给她找一双舒服的鞋子穿着去上学。

这两个例子说明了什么？说明我们要给孩子自由选择的机会，即使是错的，孩子也会自己发现，做出调整。通过自我调整，他的选择能力、审美能力都会变得越来越强。家长不要固执地认为，我们的选择一定比孩子强。孩子自己的经历家长无法取代，必须让孩子自己充分地体验和实践。

在孩子审美的关键期内，要给孩子创造更多的机会去接触美的事物。孩子天生对美很敏感，总是会不由自主地被吸引。如我们带孩子到野外去，他们会一会儿欣喜地告诉你他发现一朵小花很漂亮，一会儿又激动地说他看到一朵白云像白龙马。不管是带孩子到户外感受美丽的风景，还是去博物馆欣赏艺术品，都是在潜移默化地提升孩子的审美能力。

在一次艺术课上，3 岁的男孩林林画了一头大狮子，但是他把狮子全部涂成了黑色。妈妈不解地问他为什么这样画，林林说："大狮子要和小动物玩捉迷藏啊，它躲在了黑暗的地方，所以你看到的狮子才是黑色的。"这真是太有趣了！因此在审美的关键期，要认可和接纳孩子的个性特点，注意倾听孩子的心声，给孩子想象和创造的空间。

在一次亲子活动中，老师请家长和孩子们欣赏野兽派代表画家亨利·马蒂斯的油画《舞蹈》，孩子们一看到这幅画就七嘴八舌地笑着说："画中的人跳舞跳得真开心！"同时，三五成群地模仿画中人跳起舞来。马蒂斯油画中想要表达的生命感和喜悦感，孩子们一下子捕捉到，并表现得淋漓尽致。孩子们具有巨大的想象力和感知力，他们对于艺术的欣赏能力，是许多成年人都无法比拟的。

当给予孩子好的环境让他感受美，给予孩子尊重让他探索美，给予孩子理解让他大胆创造美，孩子良好的审美能力就会逐步形成，也才会在他成年后展现出与众不同的审美品位和审美气质。

孩子玩"过家家"的背后意义

作为家长，想必我们都见到过孩子们玩"过家家"的场景，有的孩子当妈妈在做饭，有的孩子当爸爸在看电视，还有的孩子当小婴儿在喝奶，个个活灵活现，让成年人看起来忍俊不禁。一次，我在幼儿园看到一群孩子在玩"过家家"，扮演爸爸的男孩洋洋对扮演孩子的男孩童童说："爸爸要出差了，记着我很爱你啊，回来给你买玩具。"洋洋说完就假装出差离开了，过了一会儿拿着一个玩具回来了，对童童说："爸爸回来了，我给你带玩具了，爸爸爱你！”洋洋说完和童童开心地拥抱到一起。老师告诉我，洋洋的爸爸经常出差，孩子很想念爸爸，所以最喜欢扮演爸爸的角色。

孩子们“过家家”，表面看起来只是一种对家庭生活的模仿，其实，孩子可以在游戏中宣泄自己的情绪，修复自己的情感，从而使心理发展更加健康和阳光。

孩子成长到3岁左右，就会听到孩子说“谁谁喜欢我”“我喜欢谁谁”“我想结婚”这样的话。孩子嘴里冒出“结婚”之类的话很正常，说明孩子进入婚姻探索阶段了，这是孩子心理发展的重要过程，是他认识人与人之间关系的重要阶段。现在的父母大多能明白这是正常现象，不再认为孩子说这话是羞耻、丢人的事情。其实，幼小孩子的快乐和安全感来自父母，当他懵懵懂懂知道结婚意味着一种亲密关系之后，就会希望和爸爸或者妈妈结婚，以此来表达自己对父母的依恋。年龄再大一点，随着他的交往圈子的逐渐扩大，他开始发展除父母之外的依恋关系，这个时候他的结婚对象也会发生变化，从父母转向他喜欢的小朋友。

在孩子心中，结婚仅仅是表达喜爱之情，仅仅是自己与喜欢的人建立依恋关系的方式，他们并不明白结婚的真正含义，因此结婚对象会随着喜欢对象的变化而变化。在儿童时期玩“过家家”游戏的过程中，孩子通过模仿结婚或者家庭生活的情景，倾注自身的情感，学习和感受如何建立亲密关系，为情感的发展和完善打下良好基础。

记得有一次，儿童之家5岁的小女孩茜茜和小男孩文文在玩“过家家”的游戏时，跑来对梅梅老师说：“我们俩刚才已经结婚了。”老师问：“你们俩相互喜欢吗？”文文说：“茜茜喜欢我。”茜茜说：“文文也喜欢我。”老师说：“好啊，祝福你们！”他们听完就高兴地走了。没过一会儿，茜茜又来找老师了，这次她哭着说：“文文不喜欢我了，他又喜欢上菁菁了。”老师佯装很着急地问她：“那怎么办呢？”茜茜低头想了想，说：“算了吧！我去找肖肖，他喜欢我。”

在人生路上，每个人都会多次面对别人的拒绝，很多人会把别人的拒绝等同于对自己本身的否定，从而痛苦万分。事实上，我们不能要求别人满足我们的所有要求，别人是有拒绝的权利的。著名儿童教育专家孙瑞雪老师在《捕捉儿童敏感期》一书中曾经说过，当孩子被拒绝，这是一个帮助孩子正确面对拒绝的好机会。作为家长，我们可以告诉孩子：喜欢是两个人的事情，你可以喜欢他，也可以不喜欢他。同样，他可以喜欢你，也可以不喜欢你。你如果想让他继续喜欢你，可以付出努力，做一些他喜欢的事情来吸引他。如果他仍然不喜欢你，你可以重新选择，没有关系。而且你一定要记住，他不喜欢你不是因为你不好，你仍然是很棒的。

当孩子可以重新选择的时候，就等于帮助他选择了一条出路。很多人因为失恋而自残、自杀，就是因为不知道如何面对拒绝，不知道自己是可以重新选择的。这些道理给一个5岁多的孩子来讲，孩子未必会听懂，但是通过玩“过家家”的游戏，让孩子扮演角色去感受和体会，孩子会自然而然地理解和接纳。

在陪伴孩子一起成长的过程中，我们会发现，孩子的接受能力远远超出我们成年人的想象。让孩子从小逐渐学会这样面对问题、处理情绪，是可以受益一生的。

儿童时期是情感培养和情感发展的一个重要时期。孩子通过和伙伴们玩“过家家”的游戏，可以顺利度过童年对婚姻关系的探索期。“过家家”帮孩子健全他的情感世界，让他树立健康的爱的观念，让他明白亲密关系的建立与维系需要付出努力，这将有助于孩子未来的婚恋生活。

孩子成长离不开自由

不管是在家里，还是在幼儿园，给 0 ～ 6 岁的孩子自由成长的空间都非常重要，因为只有给予孩子充分的自由，孩子才能更好地发展自己。

经常有家长咨询，应该给孩子选择什么样的幼儿园，评判优秀幼儿园的标准是什么。在我看来，除了硬件和师资水平，最应该看重的就是这个幼儿园在安全范围内给予孩子的自由度。

一所幼儿园如果按照传统的方式，严格地要求和限制孩子，幼儿园的风险是小了，但孩子的成长却被束缚了。例如传统的幼儿园美术课，要求孩子们画老虎，老师会先示范讲解老虎是怎么画的，然后再让每个孩子去实践。但并不是每个孩子都想画老虎。有的孩子不想画，就会敷衍了事，随便画两笔，剩下的时间又不能做别的，只能百无聊赖地浪费时间。老师看到了，可能还会给孩子贴上不喜欢画画、上课不专心等标签。

同样是画虎，我们儿童之家的老师会先让孩子观察老虎的图片，然后邀请孩子：“你们可以选择用画笔画出自己想象中的老虎，也可以想画什么就画什么，同时也可以选择做手工或其他你们感兴趣的活动。”老师刚一说完，哗——孩子们就散开了。有的在画画，有的在玩积木，有的在做手工，教室里鸦雀无声。为什么教室里会那么安静？因为孩子都在做自己感兴趣的事情，做起来就会全神贯注。

兴趣是孩子最好的老师。多给孩子一些自由选择的机会，不但有利于家长和老师观察孩子，发现其独有的禀赋，帮助其释放潜力，更有利于孩子形成专心致志的良好习惯。所以在孩子 6 岁以前，我们要多给孩子一些自由，让孩子有机会选择他感兴趣的活动，从而充分发展孩子的专注力和意志力。

孩子在玩耍时，也不能一直限制孩子。要求孩子整齐划一地做动作，这会给孩子内心带来痛苦，对孩子身体发展造成阻碍！每个人的童年，留在记忆中最快乐的，应该是无拘无束地自由玩耍的时光。自由玩耍是孩子与生俱来的权利，孩子在自由玩耍中得到更多发展。如孩子们在户外玩追逐游戏时，一个孩子在前面跑，一个孩子在后面追，前面的孩子不但眼睛要看清跑的方向，耳朵要听清同伴的脚步声，身体动作还要及时灵活地调整，只有全身各感觉器官高度紧张以及身体动作充分地协调配合，才能达到不被抓住的状态，而后面追的孩子则需要根据前面孩子的变化而不断做出调整。孩子们在这个过程中，身心都得到了很好的锻炼和发展。

经常听到一些家长说：“孩子要听话才是好孩子。”“为什么我给孩子安排好了，他不听我的，偏要自己选择？”我们是想让孩子各方面发展得比自己强还是比自己差？毋庸置疑，当然是希望孩子超过自己。那么，如果是完全听话的孩子，即使复制父母，也不能做到父母的百分之百，又怎么能够做到“长江后浪推前浪”呢？只有多给孩子一些自由、一些选择和体验的机会，让孩子自由成长，他们才会更有可能超越父母！

第四章
掌握爱的技巧，构建健康的心灵

内心强大才是真正的强大。自信、快乐才能构建健康的心灵。种瓜得瓜，种豆得豆，我们只有以身作则，为孩子创造优良的环境，用自己自信快乐的行为去给孩子示范，孩子才能在内心构筑健康、阳光以及充满正能量的晴朗空间。

孩子的自信心从哪里来

自信是孩子一生幸福的重要心理保障，是高情商的重要组成部分，自信是内在力量开出的一朵花。自信从哪里来？有的家长说："为了培养孩子自信，我天天夸他棒！"其实，培养孩子自信不是简单地点赞就够了，你天天夸赞孩子，孩子只会感觉莫名其妙。如 2 岁的男孩然然自己拿着杯子去饮水机处接水，爸爸就在后面竖起大拇指，对然然喊："然然真棒！然然真棒！"然然很不解地说了一句："爸爸，我还没接水呢！"

国际 NLP（神经语言程序学）大师李中莹在《重塑心灵》一书中，解读了自信心的来源。培养自信心是有方法有步骤的，自信心首先要建立在想要自我尝试的感觉上。

我给大家分享一下我学习骑自行车的经历，以此为例，分析一下自信心的培养过程。

在我读小学五年级的时候，家里买了一辆二八横梁自行车，我很想推出去玩一玩，但又怕家里人不同意，就趁父母午休的时候，冒着酷暑，偷偷地把自行车推到家附近中学的操场。当时敢于冒着被父母责骂的风险去做，就是源于内心有强烈的想要去做的感觉。

到了操场，瘦小的我艰难地推着大自行车，尝试着一遍又一遍地滑行掌握平衡。尽管不停地摔倒，我仍高兴地坚持，因为内心想要骑车的意愿远远超过了摔倒的疼痛。连续很多天，我都在练习骑自行车。当我学会骑车在操场上转圈时，内心深处那份狂喜至今记忆犹新。正是想骑车的意愿推动了我一遍遍尝试，而尝试是自信心培养的必经之路。在一遍遍尝试的过程中，有失败，也有成功，这些都会沉淀为孩子的经验，同时也会化为孩子真正掌握技巧的能力。

是不是我学会了骑自行车，掌握了这份能力，就一定能够获得自信呢？不一定。自信心是建立在能力的基础上的，但必须经过肯定才能转化为自信。肯定分内在肯定和外在肯定。当孩子的经验化为能力后，他自己就会给予自我肯定，开始认可和接纳自己，这属于内在肯定。孩子要建立强大的自信心，外在的肯定更是不可或缺。

试想一下，当我骑着自行车，无比自豪地回到家，妈妈却一把将我拉下来，当众打几巴掌，并责骂我衣服挂烂了、自行车摔坏了，我想我永远也不会以学会骑自行车为荣了，甚至这件事有可能成为我的心理创伤。虽然我具备骑自行车这样的能力，但不会转化为自信。

但反过来，如果我骑自行车回到家，妈妈用惊喜的口吻说："天啊，我的女儿什么时候学会骑自行车了？个子这么小，怎么骑上去的，还骑得这么好？你们看，我女儿多能干啊！"我一定会胸脯挺得高高的，成就感和喜悦感陡增，自信心也会油然而生！因为有了能力，加上内在和外在的肯定，更能转化为孩子强大的自信心。

我们是孩子最爱的人，也是最爱孩子的人。放手让孩子尝试，锻炼孩子的能力，及时地给予肯定，让孩子具备强大的自信心，才是真正的爱孩子。

有些家长，不让孩子自己动手吃饭，认为这只是一件小事，对孩子的成长没有多大帮助。但是在孩子成长的过程中，又有多少惊天动地的大事呢？孩子基本上都是在尝试吃饭、穿衣服、玩玩具、说话、走路等这样的小事中不断地积累经验、锻炼能力的。孩子有了这些能力，才能有建立信心的基础。还有的家长认为这些小事没必要表扬，也是不对的。每个孩子从出生到成年，需要几千次的肯定，才能形成内在强大的自信心。有一个家长，说自己从小到大得到的肯定屈指可数，但有一次，小学的一个语文老师表扬自己作文语句优美，自己写作文就更加用心了，在写作方面越来越自信了。她对语文老师一直铭记于心，每年都去看望老师，直到老师生病离世。

培养孩子的自信心，还需要创造机会给孩子，利用游戏和活动去培养和锻炼孩子。在和孩子玩游戏的时候，建议 9 岁以前多让孩子赢，少让孩子输，这一点很重要。让孩子在游戏中取得一些力量和肯定，有利于孩子自信心的培养。

豆豆妈妈和 2 岁的女儿豆豆玩捉迷藏时，尽管女儿每次躲起时都只把头藏起来，身体露在外面，但豆豆妈妈仍故意装作很着急地到处找却怎么也找不到。该豆豆妈妈藏的时候，她都尽量藏到豆豆能找到的地方。豆豆每次把妈妈找出来时都开心得又蹦又跳，越来越喜欢和妈妈玩游戏。比赛谁先出门、谁先穿上鞋子，比赛下棋、跑步，妈妈也总是让豆豆多赢，这种情况一直持续到豆豆 9 岁。一次比赛跑步，豆豆不断地鼓励妈妈："妈妈，你要相信自己，你的腿比我的长，只要你用力跑，一定可以跑过我的，加油！"当妈妈跑赢时，豆豆开心地说："妈妈，看到了吧，你很棒！你可以赢的！"瞧，教育方法得当，孩子不仅能建立自信，而且已经可以接受失败，真诚地为别人的成功喝彩了！

衡量一个孩子是否胆大自信，重要的标志应该是孩子在公开场合的表现。所以，家长要多带孩子到公开场合去锻炼，为孩子自信心的培养提供环境和机会。3 岁的全全平时在家胆子可大了，很爱表现自己，看起来也很自信。奶奶让他唱个戏，他马上就表演；爷爷让他打个拳，他也立刻就展示。可到了公开场合，胆子就变小了。大部分孩子在自己家里表现得胆大，是因为家庭环境比较熟悉和放松，这不是真正的自信胆大。

有位奶奶每天都会用小车推着孙子去一个人特别多的公园玩，但孙子胆子还是很小，不和小朋友一起玩，不和人打招呼。原来，奶奶在带着孙子去公园玩时，很少让孙子从小推车里出来，因为担心孩子磕磕碰碰受伤，还担心小朋友之间打架。所以，孩子大部分时间都在小推车里到处看，并没有真正参与到活动中。

这个小推车宛如一个隐形的玻璃罩，把孩子和世界隔离了，孩子就像看电视或者看表演一样观察着外面的世界，没有真正探索、参与和体验，没有办法很好地发展自信心和交往能力。所以，带孩子到公共场合去锻炼，要做到真正让孩子参与其中，得到真正的锻炼。

教孩子和情绪一起成长

到底什么是情商呢？美国心理学家丹尼尔·戈尔曼把情商分为积极的情绪、妥善管理自己和感知他人情绪的能力、自我激励以及人际交往能力等几个方面。他在《情商：为什么情商比智商更重要》一书中提出，情商培养的重要部分在于情绪管理，这是一种善于掌握自我、调节情绪，对生活中矛盾和事件引起的反应能适度地排解，能以乐观的态度、幽默的情趣及时地缓解紧张的心理状态。

让孩子学会管理自己的情绪，先要让他认识情绪，知道自己有哪些情绪。婴儿一出生，他的表情就反映了他的情绪，有快乐、有愤怒、有悲伤。我们可以通过让孩子观察故事书上的人物或者动物的表情来了解各种情绪。孩子会发现，哦，它哭了，在流眼泪，因为它很伤心；它笑了，它很开心；大老虎生气了，它的眼睛瞪大了，胡子都翘起来了……

我们还要让孩子知道，每个人都是有情绪的，要接纳自己的情绪。情绪无论好坏，都是我们成长过程中不可或缺的，都是可以接纳的。要让孩子懂得辨别“我怎么了”，允许和教孩子说出来：“我生气了，因为你没有马上给我买玩具。”“我伤心了，我哭是因为我的玩具坏了。”“我好开心，是因为我搭好了积木。”……还可以通过童话故事教孩子表达情绪：“小兔子生气了，耳朵都翘了起来，大声地说‘我生气了，我生气了’。因为有人把它刚做好的萝卜小火车弄坏了！”

当孩子有情绪时，父母要能够接纳孩子的情绪，允许孩子表达情绪，并通过接纳和陪伴帮助孩子学会调节自己的情绪，避免错误的做法导致错误的结果。3 岁的小叮叮在车上不停地哭，因为他想要一辆变形金刚汽车，妈妈一边开车一边哄他：“我们等明天再去买好不好？妈妈这会儿没有时间。”但是叮叮仍大哭大闹，非要现在去买。

有的妈妈会在孩子哭闹时生气：“说了多少遍了还哭，憋着不准哭，烦死了！”孩子不舒服，但也许就听你的，不哭了。几次以后，孩子有情绪不敢表达，就以心理疾病的形式呈现出来。许多成年人就不懂得如何接纳自己的情绪，伤心的时候压抑自己，不理会自己，情绪被包裹，时间长了就会出现一些心理性疾病。

有的妈妈会在孩子哭闹时说：“别哭了，妈妈这里有糖，给你糖吃。”这样会转移一下孩子的注意力，但孩子拿到糖一般不会立即调整好情绪。他虽然想吃糖，但会一边吃糖一边抽噎。这个孩子长大后会一吃糖就莫名伤心，把吃糖和伤心的感觉联系在一起，还有可能形成小小的心理创伤。

有的妈妈会说：“再哭大灰狼都来了！你一直哭，羞不羞！再哭就不要你了，你跟着卖玩具的走吧。”孩子，尤其是处于低龄阶段的孩子，被家长一吓唬就不敢哭了，可是内心会生出恐惧感。他觉得：父母是最爱自己的人，他们都认为哭不好、不能哭，我还是不要理会我的情绪了。孩子这样时间久了，日后就会变成身心不合一的人，许多身体和心理疾病都源于身心不合一。

正确的做法应该是，妈妈说：“叮叮，我知道你现在就想要一个变形金刚汽车，妈妈今天不能给你买，你很伤心，你特别想哭，是吗？心里难过可以哭一会儿。妈妈爱你，等你不难过的时候，我们再商量明天什么时间去买。”

4 岁的冬冬在搭积木，妈妈不小心碰倒了他的积木。冬冬开始大发脾气，推打妈妈，并躺在地上大哭。妈妈去拉他起来，他又踢又打。这时我们应该怎么办呢？

当遇到孩子特别愤怒时，如果任孩子随意发泄，长大以后，这个孩子会脾气暴躁，遇到一点小事情就会爆发，毁碗砸锅，无法与人和谐相处，这是低情商的表现。允许孩子发泄愤怒，但要和孩子进行沟通，教他用大喊、跺脚、打枕头等一些不伤害他人的方式发泄愤怒，帮助孩子逐步学会调控自己的情绪。

妈妈应该走过去，尽量不让孩子踢打到自己，可以抓住他的手脚对他说：“妈妈知道你很生气，你可以生气，可以大声地告诉我，让我道歉。”

5 岁的莹莹摔倒了，不小心碰到了桌子，正要哭出声，奶奶心疼地把莹莹扶起来，说“不疼不疼”，然后生气地跺了跺地面说“都怪你，摔了我孙女”，又拍打了几下桌子说“都怪你，磕着我孙女”。听到奶奶这么说，莹莹哭声暂停了，茫然地看着奶奶。

要让孩子的情绪和感觉联结在一起。孩子摔倒了害怕孩子哭，说“不疼”，是切断了孩子的感觉。情绪和感觉不一致时，孩子就不相信自己的感觉了，而培养高情商就是要让孩子逐步提高自身的感觉能力。智慧的人常说，小事决断由理性分析决定，大事决断一定要加上自己的感觉。

如果孩子情绪的反应是正常的，要让孩子学会接纳自己的行为带来的感受。如果不小心摔倒，孩子在以痛哭的方式来宣泄的同时，内心会告诫自己下次要小心。这是为自己的行为和情绪负责，也是孩子学习为自己的人生负责的开始。责怪环境和他人，都无法让孩子真正接纳和疏导自己的情绪，也没有办法让孩子为自己的行为负责。

4 岁的洋洋和爸爸在游乐场玩，一会儿，他哭着跑向爸爸说：“有小朋友打我了。”爸爸一听很生气。接下来可能会有两种处理方式：“谁打你了？走，爸爸找他去！”“你怎么这么笨？你不会打他吗？去，打他去！”

家长这样做会带来什么问题呢？如果是帮孩子解决，他就成了受害者，遇到问题就会害怕面对。小时候找父母解决，成年以后没有力量面对挫折。如果教孩子以牙还牙，孩子真的走过去，打那个孩子，会带来两种结果：

第一种，孩子很可能因为没有对方强大而被打，这样会再次受伤，孩子以后会变得更加胆小而且不信任家长。

第二种，孩子走回去，真的打了那个孩子，而且打赢了，从此，他学会了简单粗暴的解决方式，而且在解决过程中充满恐惧和焦虑，孩子的心理健康和交往能力以及解决问题的能力，都会让人担忧，孩子会成为暴躁的低情商孩子。

正确的做法，应先疏导情绪，再解决问题。当孩子告诉爸爸自己被小朋友打了，高情商的爸爸首先不是看事情如何解决，而是先疏导孩子的情绪，因为孩子有可能会有恐惧、愤怒，甚至有羞耻感，觉得被打是因为自己没有价值，不值得被尊重，是自己的错。家长要第一时间拥抱安抚孩子，对孩子说："爸爸看到宝宝很伤心、难过，你可以哭一会儿。在爸爸身边很安全，你可以告诉爸爸发生了什么事情。打人是粗暴、野蛮的行为，他必须向我们道歉。"

孩子情绪得到宣泄，感受到爸爸的支持，内心坚定了对方的行为是错误的，不再有羞愧感。然后，等孩子情绪基本平复以后，爸爸可以陪孩子一起找到打人的孩子或者他的家长，郑重要求道歉。如果孩子有力量，可以让孩子自己提出要求："你刚才打我了，必须向我道歉。"如果孩子没有力量，爸爸可以代替孩子说出来："刚才听宝宝说，你打了他，打人是粗暴的行为，你要向他道歉。"

事实上，不管对方有没有道歉都不重要了。因为在这个过程中，孩子学会了正确处理自己的情绪，心理上的恐惧或者羞愧感已经消除，也学会了正确解决问题的方法。

事后，还可以和孩子沟通，告诉他解决问题的其他方法。比如，可以远离，有力量了可以试着反击和保护自己。当然，也可以让孩子自己去想、去创新方法，分享给家长。如果是孩子自己想到的方法，会更加增加他的力量！

我们应该教给孩子一个最简单的心理疗法、一个疏导情绪的小技巧，让孩子快速地管理和疗愈自己的情绪。具体方法就是，让孩子把眼睛闭上，释放自己的情绪，给情绪命名，在内心默念或者大声地说出当时的感觉：我疼，我难受，我伤心……孩子会发现，随着一遍遍地重复语言，不良情绪慢慢消失了。

向孩子示弱，让孩子学会自我负责

小学阶段是养成学习习惯的重要时期，家长的陪伴要高质量、有智慧，要善于向孩子示弱，激发孩子的潜力，让孩子学会自我负责，发掘出自发学习的动力。家长的角色是教练，要用智慧和技巧教练出对学习信心十足的孩子。

佳佳刚上小学不久，在写家庭作业的过程中，经常喊：“妈妈快来，这个我不会，怎么办？”妈妈就佯装很着急，对她说：“是吗？妈妈已经很久不做这些题了，也不一定会做，我先看一看。”然后帮她做分析，老师是怎么讲的，你想怎么做，启发她自己把答案想出来，并及时地鼓励和肯定。每做出一道题，佳佳都开心极了。每一次佳佳问妈妈作业题，妈妈都要和她沟通很久，而且启发她自己找到答案。佳佳觉得，找妈妈帮忙不如自己动脑筋，自己比妈妈还棒。

妈妈给佳佳演绎了一个自己小时候学习的故事：“妈妈上一年级的时候，刚开始学写字怎么都写不好，拼音 a 总是写反。你比妈妈小时候聪明能干多了。”听到这里，佳佳笑了，以最快的速度在纸上写了一个大大的、正确的 a，并对妈妈说：“妈妈你看，我会写。”

妈妈继续给佳佳讲故事：“上了一个月的学后，班上的语文老师进行听写生字测试，不会的用圆圈表示。老师读的每一个我都不会，就一直画圆圈。等我画到 10 个圆圈的时候，旁边的同学看到了，举手报告：‘老师，她画的都是圈。’全班小朋友哄堂大笑。”佳佳听了一边笑，一边同情地对妈妈说：“妈妈啊，你真的画的都是圈？小朋友笑话你，你难受吗？”妈妈对女儿说：“我感觉好尴尬，很难堪。不知道小时候怎么那么迷糊，就是学不会。但是，我一点儿也没有放弃学习，坚持努力学习，认真听讲，好好写作业，不会了就问老师和同学。慢慢地，我的学习越来越好，考试成绩一年比一年好。你比妈妈小时候强多了，只要你认真听讲，好好完成功课，妈妈相信你的学习成绩一定会越来越好！加油！”佳佳听到这里，用力点了点头，眼神里充满了自信。

这个故事在给孩子减压，孩子知道了无论出现多么差的状况，只要努力，不放弃，就会越来越好。孩子在这种轻松的状态下会更加有兴趣、有信心地投入到学习中去。

泉泉上小学一年级了，每天做完功课都会要求妈妈检查并签字。第一次签字的时候，妈妈就发现泉泉错了两道题，便对泉泉说："妈妈看了很久，但是很多题还是看不懂，你能给我讲一下吗？"泉泉一开始挺有兴致地给妈妈讲解，讲了一会儿不耐烦了，说自己做的都对。妈妈就在作业上签了字，认同地说："我也认为你做的都对。"

第二天，放学后泉泉嘟着嘴巴，生气地说："妈妈，让你检查，你也没检查出来，错了两道题。"妈妈很疑惑地说："不会吧！赶紧让我看看哪里错了，我怎么没看出来错啊！"泉泉拿着作业很认真地给妈妈分析错在哪里，然后总结了一句："妈妈，以后检查作业要认真一些。"妈妈答应了。到了第二天，妈妈检查作业的时候，发现泉泉又错了一道题，就提醒他再认真地检查一遍，告诉他有个数学题妈妈也不会做。泉泉看了以后，认为没问题，是正确的。第三天，放学后，泉泉嘟着嘴巴说："怎么还是错了一道题！"然后，他对妈妈宣布："妈妈，以后你只负责签字，检查作业就靠我自己了，你真的不会。"从此以后，功课完全成了他自己用心的事情。

家长要学会向孩子示弱，让孩子感受到自己努力的力量，这是保护孩子的学习兴趣。这样做，会让孩子有信心、有勇气面对学习和生活。

孩子在学习的时候，家长要做到高质量的陪伴，给孩子带来正面的肯定，不能以陪伴的名义坐在孩子身边，一边观察一边忍不住严格要求孩子，再给一些负面的评价："字写得难看""太大了""太小了"……有的家长可能会忍不住，要求孩子擦掉重写，甚至动手撕掉孩子的作业，要求孩子重新做。在家庭教育中，如果妈妈比孩子还操心他的学习，这些焦虑会快速传递给孩子，使孩子觉得，读书和学习的事情自己不用负责了，因为已经有家长在负责。

彤彤刚上小学的第一天，放学回家说："妈妈，今天布置的有家庭作业。"妈妈说："太好了，妈妈也有作业，我们一起写作业吧！"彤彤说："你拿过来到我的书桌旁，陪我一起写，好吗？"妈妈回答："当然好，但是我的东西太多，需要摊开写，会把你的书桌都占满。不如我们都在自己的房间写，比一比谁先写完。谁先写完谁就是今天的冠军，可以提议写完作业后的家庭活动。"

彤彤欣然同意了。从第一天起，彤彤和妈妈就确定了在各自的房间里，同时开始写作业，这个习惯一直持续到彤彤读八年级。每天放学后，彤彤就迅速把自己的作业处理完，然后再安排休息放松。彤彤妈妈一开始就让孩子知道写作业和上学是自己的事情，自己为自己的事情负责。

在孩子学习的过程中，家长要及时地给孩子树立信心，保持孩子的学习兴趣。牛牛刚开始写汉字时，下笔很用力，把纸都戳破了，而且字写得很大，出了格。他写完以后，忐忑地问妈妈："我写得怎么样？"妈妈肯定他写得非常认真，字写得很清晰，老师一定看得很清楚。牛牛妈妈还称赞他："第一次写字，能写这么好，已经非常棒了！"牛牛听完，放松多了，不好意思地问妈妈："会不会写得有点大？"从这里可以看到，孩子是会观察和判断的，只是以他的能力还做不到更好而已。家长要以鼓励的方式教育引导他对学习保持兴趣和信心，这样，他才能做得越来越好。

优优读小学二年级的时候，有一天早晨上学，她和妈妈因为一件小事闹别扭了，就生气地威胁妈妈说："今天我不去上学了。"妈妈听完以后，平静地对她说："上学是你自己的事情，如果你决定不上学了，今天就不再去了，而且你要告诉老师以后也不去了。但是你要想清楚，以后你就要待在家里，学校的好朋友没法见面，学校组织的一些有意思的活动也参与不了啦。"优优听了，生气地要求妈妈也不准上班了。妈妈告诉优优，她会准时上班，因为她热爱自己的工作。优优听了，自己找了个台阶说："你为什么不让我上学？我要去上学，如果不让我上学，我就不让你上班。"从此以后，她再也不拿不上学来威胁妈妈了。

自己的事情自己做，自己的学习自己来负责。在生活中，家长坚定的语言和行为会在潜移默化中为孩子种下自我负责的种子。

激发孩子学习的动力

在人的一生中，追求怎样的生活才能达到内心的满足？毋庸置疑，找到需求点，才有可能激励或引发人的动力。

马斯洛需求层次理论认为，人类需求从低到高分为五种：生理需求、安全需求、爱和社会归属感的需求、尊重需求和自我实现需求。人的低层次需求得到满足后，高一层次的需求才会更加凸显。

一群人被困荒山，在饥寒交迫、濒临绝境时，路过一辆官府的运粮车，这群人看到运粮车敢不敢抢？尽管抢了是死罪，但大家一定会抢。因为抢了有可能会被杀死，不抢肯定会饿死。所以，饥荒战乱的年代，一般不会有好的社会秩序。生理需求是最低层次的需求，当生存受到威胁的时候，人们就不再考虑道德、廉耻以及有关尊重之类的需求了。

孩子的教育成长同理，当一个婴儿时刻处于饥饿中时，他很难得到安全感。所以在早期教育阶段，有家长咨询婴儿是否应该如一些育儿书所说，两个小时喂一次奶，是否让他多哭一会儿再抱起来哄他时，我的回答是：一饿就喂，一哭就抱。因为我们有条件满足小婴儿的生理需求，为什么不满足？人为地给婴儿制造生理匮乏，制造没必要的心理创伤，只会使婴儿缺乏安全感。一些老人经历了童年的饥饿，现在虽然生活好了，拥有了很多财富，但在平时生活中表现得还是过分节俭。这正是童年的经历和创伤带来了不安全感，并且跟随他们一生的缘故。

当一个人的生理需求得到满足，他就会考虑安全的需求。所以一些强盗通过烧杀掠夺积累了一定的财富后，会考虑隐姓埋名去过平凡的生活。有的大盗金盆洗手后，乐善好施，经常帮助他人，人称大善人，因为这样会使他得到爱和社会归属感的满足。当今社会，很多成功人士耗费大量财富捐资助学，追求的正是社会尊重带来的满足感，是一个人高层次的心理需求。当人尊重的需求得到满足后，自我实现的需求又会开始呈现出来。因此一个人行为不断改变，反映出的是人内心深处的心理需求状态。

我们再次回到孩子的教育中来。当孩子吃饱穿暖以后，就开始有安全感的需求。你会发现小婴儿不困也不饿，却还哼哼唧唧地哭，你只要抱抱他、哄哄他，他就开心了。这是孩子的心理需求，孩子需要成年人的关注和身体的接触，这样才能感受到爱和温暖，才能感受到自己是受保护的、是安全的。

在孩子成长的过程中，父母对孩子无条件的爱，是孩子爱自己和爱世界的源头。孩子接收到父母爱的能量后，才会积极自信地参与到社交活动中，找到自己的归属感，和周围人建立关系，认定自己的存在是有价值的。反之，一个缺乏父母关爱的孩子，往往很难建立和社会的安全联结，不愿意去积极地交朋友，成长到青少年时期问题会更加明显。他们有时甚至为了寻求归属感而误入歧途。

当孩子有了爱和社会归属感，对尊重的渴望就会凸显，自尊和尊重他人的品质就会慢慢在孩子身上形成。一个在温暖有爱的环境中长大的孩子，更加容易尊重别人，同时也会要求周围人给予自己更多的尊重，获得内在的满足。4 岁的男孩彬彬经常说的话就是：“你刚才生气了，请你向我道歉！”“你没有经过我的同意动了我的东西，请你看着我的眼睛，必须向我道歉！”小孩子郑重其事地向家长要尊重，你就知道孩子处在一个有爱的家庭中。如果一个孩子生活在缺乏爱的环境中，孩子看到父母就会紧张，自己的东西被拿走也没有勇气要回，自然不会有力量要求成年人道歉了。

孩子对于尊重的需求得到满足以后，会平和而喜悦、兴趣盎然、全神贯注地投入到他喜欢的工作或活动中。孩子喜欢学习、享受学习，这正是我们想让孩子达到的状态。

我曾经在青少年中心组织的夏令营中，遇到一个叫燕子的女孩子。燕子初中刚刚毕业，暑期过后就要上高中了，高高的个子，长得白净漂亮，染着头发，化着妆。我称赞她穿衣服很懂搭配、很漂亮，她开心地说这些都是自己在网上买的，但妈妈一句也没夸过，总说不好看。

我之前和燕子的妈妈沟通过，妈妈说她成绩一塌糊涂，懒惰，叛逆，手机上网无节制，交往乱七八糟的朋友，和父母的关系很紧张，经常吵架。妈妈甚至直言不讳地说他们想放弃对孩子的教育，这次也是抱着一线希望把孩子送到营里，期待有所转变。

大家上了车，教育专员们开始说规则，其中一项是要求上交手机。燕子当场爆发了："我要下车，不去了，我妈妈是骗我的！她告诉我是去旅游的，没有什么要求，可以玩手机。"我安抚她说："燕子，我感受到了你的愤怒，如果是我，我也会生气的，妈妈应该提前告知这个营的规则和流程。你有情绪是正常的，郭妈妈理解你（营里的孩子都叫我郭妈妈）。"她听完以后，情绪慢慢平复了，对我说："郭妈妈，我就是生气爸爸妈妈总是骗我，干吗不好好说，交手机就交嘛！"

到了营地，我邀请燕子到我的房间，想和她做一次深入的沟通。刚进房间的时候，她只是紧张警惕地看着我。我对燕子说，请她来主要是想和她商量个事情，看她是否愿意，她才放松了一些。我继续告诉她，青少年中心每年都会选择几个有潜力的孩子作为重点培养对象，进行跟踪培养直到培养成才，这次挑中了她，不知道她是否愿意。她疑惑地说："你们是不是挑错了？我成绩不好啊！”我说：“燕子，成绩不好，成长的空间才会更大。你被我们挑中，就一定可以实现目标。只是有一点，我们要进行约定，等你梦想实现以后，你上大学的每个暑假要至少为青少年中心做两次义工，给弟弟妹妹们分享你的目标是如何完成的，来激励弟弟妹妹们学习。你愿意吗？”

为什么要给燕子说是重点挑中的？因为只有这样，孩子才会感受到爱和关注，要求她承诺当义工，当她感受到被需要、有价值，她才会在团队里有归属感。

燕子不自信地说：“郭妈妈，这个事情当然好，但是我的成绩真的不好，考高中才考了 300 多分，怎么能考上大学呢？”我告诉她要相信我，现在的成绩努努力依然可以考上好的大学。她一听眼睛就亮了，欣然答应，也完全放松了。我们开始热烈讨论，给她定计划和目标。我问她对什么感兴趣、将来想做什么，她告诉我很想在北京生活，并且提到自己想到演艺圈发展，不过妈妈坚决否定了她的想法，说她除了逛街买衣服、打扮自己什么也不会，去演艺圈发展是异想天开。

我告诉她，会买衣服打扮自己也是一种能力。如果想去演艺圈发展，可以考虑考一些艺术类的学校，因为她个人形象好，普通话也说得不错，如果文化课分数再稍微提高一些，就有希望考上非常有名的艺术学校。我曾经在电视台工作过，也在中国传媒大学学习过，可以帮助她找到好的老师，指导她的专业课。她聪明漂亮，只要用心，专业考试一定没问题。燕子一听，更来精神了，充满信心地对我说：“郭妈妈，我就把中国传媒大学当作目标吧！我以前上课只是不愿听，我相信我一用心，每门课都能提高分数。”

这次沟通以后，孩子像是换了一个人，14 天里，早晨 6 点起床晨练、读书，白天一整天上山参加团队训练，晚上总结和汇报，流程密集，强度很大，但燕子没有一次迟到，没有叫苦叫累，积极快乐地投入到活动中。结营仪式上，燕子组织队友排练的蒙古族舞蹈和小品让家长们耳目一新。

随后的几个月里，燕子一边认真上课，一边在业余时间学习播音主持。结营 4 个月后，燕子妈妈和我沟通说：“上周我和燕子已经去北京看了中国传媒大学，看她志在必上的劲头，我感觉她还是有希望的。她有梦想了，正为之努力，学习进步很大，我现在才知道鼓励比打骂管用得多。”

当孩子感受到爱和归属感的时候，感受到被尊重的时候，才会有新的、更高层次的需求，这就是自我实现，燕子就是在为实现自己的梦想和目标而努力。我们家长期待孩子在学习方面达到的状态，就是心无旁骛、认真勤奋地去学习。这就是自我实现的状态，是人类心理需求里最高层次的状态。如果我们不给孩子生理生存满足，不让孩子感受到安全、爱、归属感以及尊重，孩子怎么会有动力享受学习和工作，追求自我实现，成为最好的自己？这也就是为什么在教育孩子的过程中，我们一直不断地重申给孩子爱和尊重的重要性。只有扎好根基，高楼才能建起。

同样，当孩子高一层次的需求得不到满足的时候，会退而求其次，在下一层次需求里找满足。当孩子感受不到爱时，也会转而追求低一层次，安全成了孩子的重要需求。我们会发现，孩子在自己的父母面前非常调皮，但是交给保姆或者陌生人陪伴时，会乖乖听话。尤其当你吓唬孩子说“如果你不听话就把你扔掉”，孩子会信以为真，充满恐惧。只要安全有保障，他不再调皮，也不会要求爱和尊重。表面上看这个孩子懂事乖巧，但是内心匮乏。如果这个孩子的内在缺乏爱，可能一生会在爱的路上苦苦寻觅。有的看起来很懂事的孩子在努力地学习，其实只是用这种方式来获得关注、获得爱，并没有享受学习的过程。这样的过程是非常辛苦的，很难找到幸福感。所以，在婴幼儿阶段给予孩子安全感，给予孩子爱和社会归属感以及尊重，至关重要！

在陪伴孩子学习的过程中，相信很多家长都和孩子谈论过“为什么好好学习”这个话题。关于这个问题的答案，众说纷纭。一种说法是，如果你不好好学习，就考不上好大学，找不到好工作，挣不了大钱，买不了好房子，生活不幸福。这是从人类需求的最低层次——生理生存层次和安全的层次上进行推动的。孩子真的做到就能得到幸福吗？现代很多家庭，早已能够吃饱穿暖，再在这个层面去推动孩子，显然是没有什么作用的。而且，孩子真的达到我们想要的这个状态就可以幸福了吗？肯定不是。另一种说法是，好好学习就能有好成就，在社会上受人尊重；不好好学习就要受批评，大家都不喜欢。这是在爱和尊重的层次上去推动孩子，依然不会给孩子带来真正的动力。

当我们用下面这种方式和孩子沟通，去推动孩子，是否有所不同呢？女孩雯雯上小学六年级的时候，妈妈和她有过一次这样的讨论：我们为什么要好好学习？妈妈说：“在当今的社会，你如果没有好好学习，长大以后也有可能找到一份工作，比如当清洁工人，也会吃饱穿暖。而且随着社会的进步和文明程度的提高，人们对于工作和职业性质越来越没有歧视，即使当一名清洁工，也会受到周围人的尊重。例如，在一些发达国家，要对提供服务的人给予尊重，早晨起床要给打扫房间的清洁工付小费，在餐厅吃饭要给服务员付小费。所以，当一名清洁工也没有关系，只要是以自己的劳动保障生活，而且又能给别人带来帮助，让被你服务的人感受到环境的舒适，妈妈也会以你为荣。但是，如果你好好学习，会有机会完成自己的梦想。更重要的是，在你完成梦想的同时，会给很多人带来帮助。在完成梦想和帮助别人的过程中，你也会感受到真正的快乐。”

雯雯小时候的梦想是当一个企业家，开跨国公司，还要游历世界。雯雯还喜欢淘宝，最崇拜阿里巴巴创始人马云。妈妈告诉雯雯：“马云是企业家和慈善家，他的企业使命就是让天下没有难做的生意。他的企业帮助和服务了上亿中国人，很多人因为马云而受益，做马云这样的企业家就要比做一个清洁工帮助的人要多。另外，你目前的学习都在为完成梦想做准备。当你爱上英语，英语会帮助你无阻碍地游历世界；爱上地理，地理会让你了解和认识这个美丽的地球；爱上数学，数学会让你变得更加聪明。这些学科都是帮助你游历世界和完成梦想的。如果你选择完成梦想，会飞到世界各地，见到不同的风景。如果选择做清洁工，可能不用离开这个城市，离妈妈更近一些，妈妈能经常看到你，也会很开心。当然，无论怎样选择，妈妈都支持你，妈妈都爱你！”

雯雯听了，对妈妈说：“妈妈，我还是想去完成梦想。”

如果我们从这个层面上去推动孩子，告诉孩子，好好学习可以实现自己的一些梦想，而且可以帮助到他人，这个过程会很快乐、很有价值，孩子的内在需求就会和自我成就联系在一起，和快乐联系在一起，将对孩子的学习产生巨大的推动力。

榜样的力量

当我们想给孩子传递某种信念时，核心在于，我们内在是否真正认可，并身体力行地做了。在孩子的面前，我们是否身心一致、言行一致，是否给孩子做了正面示范。年龄越小的孩子，受榜样的影响越大，说给他听不如做给他看。

有一次，一个妈妈带着 2 岁的宝宝来早教中心做测评。测评老师拿出几块正方体的积木让孩子垒高，这个孩子竟然迅速把积木码成一排，然后从中间拿出一块扔出去，大声说："两条！"这把大家吓了一跳，孩子妈妈的脸一下子红了，不好意思地说："这都怪他奶奶，天天抱着孩子打麻将，孩子也学会了。"

孩子经常处在什么样的环境中，就会受到什么样环境的影响。我们经常会说："一看就知道，这是某某家的孩子，说话表情和他爸爸一个样儿！""那是某某家的孩子，走路姿势和她妈妈一个样儿！"……这些孩子是父母有意教出来的吗？显然不是。因为在日积月累的相处中，家长说话时的表情、语气，走路的姿势，待人接物的方式，都已经潜移默化地给孩子做了一遍又一遍的示范。孩子在不自觉中一点点就学会了这一切，包括家长希望或者不希望孩子学到的部分。

从孟母三迁的故事可以看出古人已经意识到环境对孩子成长的重要性。作为现代的家长，我们更应该认识到孩子成长环境的重要性，有意识地创造良好的家庭环境，时刻注意我们的一言一行、一举一动，做好孩子的第一任启蒙老师。

蒙台梭利提出，3 岁以前的孩子在心理上属于吸收性心智，通俗地说，孩子的大脑就像一台摄像机，他的眼睛、耳朵等学习器官在不由自主地摄取信息，但不加筛选，完全收录，全部保存。如果你带 2 岁多的孩子在小区院子里玩，院子里有个孩子说脏话，即使你告诉自己的孩子“这是脏话，不要学”，孩子也会立刻学会。

有很多家长都反映，他们明明已经告诉孩子“不行，不可以，不应该”了，可孩子似乎并不理解和接纳。这是因为学龄前的孩子对于语言，最容易理解的是动词，最难理解的是形容词和副词。比如当孩子听到副词“不”的时候大脑不太容易理解和执行，听到动词“打”的时候反而一下子理解和知道怎么做了。所以，当家长大喊“不打”的时候，孩子能够理解和执行的反而是“打”。我曾经给儿童之家的小朋友做过一个小测试，当孩子们在院子里追逐时，我大声地喊：“别跑！别跑！”结果没有一个孩子停下来，大家反而笑着跑得更快。我喊了一声：“停！”就有孩子马上停了下来，没停下来的孩子也放慢了速度。

蒙台梭利还提到，6 岁以前的孩子，适用于奖惩无用论。意思是说，6 岁以前的孩子，你想让他内在有动力做某事，奖励和惩罚同样都不起持久作用，只有正面示范或引导才有效果。

有一位爸爸很苦恼，因为快 3 岁的儿子毛毛尽管很喜欢和小朋友一起玩，但一和小朋友玩就打人。爸爸反复告诉毛毛不能打人，还讲了很多道理，可是并没有什么作用。爸爸又威胁毛毛，如果再打人就揍他，却依然无济于事。小区里的很多孩子都不和毛毛玩了，除了豆豆。这天毛毛要去找豆豆玩，爸爸紧张地再三叮嘱："一定不能打豆豆啊。"毛毛点头同意，可一看见豆豆，一巴掌就打了过去。

其实，家长就该在孩子想动手打对方时，第一时间抓住孩子的手，尽量防范不让孩子打到别人，同时对毛毛说："爸爸知道你想和豆豆玩，你可以和豆豆握握手，拥抱一下。"反复强化正确的行为，孩子就会慢慢学会交往。

培养孩子的社会交往能力

如果一个人身体上有残疾，但心理很健康，有没有可能生活得幸福？答案是肯定的。相反，如果一个人身体很健康，但心理有残疾，就很难得到幸福。所以，心理健康更加重要。

心理健康的重要标志之一是保持良好的人际关系。让孩子拥有良好的人际关系，就要培养他们良好的交往能力，这样可以促使孩子积极地接触社会，愿意接受新信息，与环境互动，和现实接轨。

培养孩子的交往能力从婴儿时期就可以开始，多带孩子接触和认识世界十分必要。一些家长带孩子过于谨慎，刮风、下雨的天气，太冷、太热时都不愿出去，孩子在室内待的时间过多，就会缺乏和小朋友玩的机会。

有的家长可能会说，几个月大的孩子怎么交往？其实，孩子们虽然还不会说话，只是坐在那里玩，实际上交往已经开始了。我观察过两个6个月大的宝宝的交往，两个孩子坐在一个大活动室里，各玩各的，谁也不理谁，但他们用眼神交流。这个孩子拍一下鼓，那个孩子也跟着拍一下；这个孩子连续敲鼓，那个孩子也连续敲鼓。他们这就是在交往，从眼神开始到行为互动，是一种互相模仿的交往。

到了1岁左右，孩子又是如何交往的呢？两个1岁左右的孩子各自抱着玩具，刚一遇到，互相看一眼，二话不说就会开始抢玩具。其实，孩子抢玩具就是在交往。因为孩子既想和小朋友玩，又不知道怎么去做，就通过抢玩具这种方式和对方建立关系。有的妈妈见此情景就说："那个孩子抢我孩子的玩具，不和他玩了！走吧，回家吧。"这样，两个孩子的交往就被中断和破坏了。在抢玩具的过程中，妈妈要在旁边引导："玩具是弟弟的，你要还给弟弟。你拿着自己的玩具，这是你的。"若孩子想要，哭着要抢，家长要把孩子的手拿回来告诉他："那个玩具是弟弟的，这是你的。"反复多次以后，孩子就会明白，那是别人的玩具，我可以玩自己的玩具。孩子玩具被抢了，妈妈就要说："没关系，这是我们的玩具，谁也抢不走，我们去要回来。"强化几次以后，这个孩子也理解了：我的就是我的，谁也抢不走，我可以保护自己的玩具。

如果遇到类似的情形，家长不能给孩子很好的引导，就会影响孩子交往能力的发展。假如一个 1 岁多的孩子拿了两块蛋糕，另一个 1 岁多的孩子看到了想吃，口水滴滴答答地往下流，拿蛋糕孩子的妈妈感觉不好意思了，连哄带骗地对自己孩子说：“你有两个，给他一个吧！”这时，孩子肯定会抱住蛋糕大哭，不想分享。做妈妈的认为孩子太小气，有时会劈头盖脸地吵孩子一顿。如果成年人经常强迫孩子分享，孩子就会处于焦虑状态，担心自己的物品没有办法保护，慢慢地也就不愿意接触外面的世界。

我曾接触到一个小男孩浩浩，刚上幼儿园时，他和任何小朋友都不交往，每天午睡时间都抱着自己的外衣、鞋和袜子，生怕丢了。一了解，才知道他从小和表弟、表妹等小朋友一起成长，吃的和玩的都没有办法得到保护。这个孩子只顾着保护自己的物品，怎么能够积极参与到与幼儿园同伴的交往和活动中呢？当我们保护了孩子的权利，孩子不再顾虑重重，才能轻松自在地投入到交往中去。而且，当孩子热衷于交往的时候，会主动拿出自己心爱的玩具和食物分享给小伙伴，这是一种自发的行为。

锻炼孩子的交往能力，一定要给孩子之间相互玩耍创造机会，可以到邻居小伙伴家串门，也可以邀请小伙伴到家里来玩。一个家长告诉我：“带 1 岁多的孩子去其他孩子家没法玩，因为我的孩子只要一碰邻居家孩子的玩具，那个孩子立刻就抢走。我们摸一个玩具，他就扔一个，什么都不让我家孩子碰，我的孩子整个上午都在哭，什么也没玩。我们以后再也不去了。”我说：“你一定要去，因为孩子们在哭和抢的过程中都有收获。你的孩子收获的是，这是人家的家，这是人家的玩具，他不让我玩，我就不能玩。那个孩子的收获是，这是我的玩具，我有权利处置我的玩具。”

交往还要继续下去，我们再主动邀请邻居家孩子到我们家来玩，你会发现，咱家孩子也是什么玩具都不让邻居家孩子玩，这个孩子会有怎么样的感觉？这是你家的，你可以做主，他也会哭着走的。

这样反复几次，两个孩子对于自己物品的权利都得到了确认，孩子慢慢就会发现，我不让他玩，他也不让我玩，两个人都没法玩。再去邻居家玩，就让孩子带着自己的玩具去。他还不让你玩，你可以玩自己的。邻居家孩子想玩你的，可以交换，于是交换就开始了。一来二去，两个孩子都会明白，要想开心地玩，需要分享和交往。

很多孩子上幼儿园以后，没有伙伴一起玩，家长说孩子不会交往。我告诉家长，要创造机会给孩子交往。例如放学以后，家长主动和班级另一个孩子的家长沟通，邀请这个孩子和家长一起到附近的蛋糕房吃蛋糕，也可以一起去附近的游乐场玩一会儿。几次之后，两个孩子就会熟悉起来，并成为好朋友。这样持续一段时间以后，再换着邀请其他孩子一起玩，慢慢地孩子的朋友就会多起来。孩子往往是先经过单独交往才能发展到群体性交往，我们作为父母，要给孩子创造好环境。

种植高情商的种子

哈佛大学教授、“情商之父”丹尼尔·戈尔曼认为，一个人的成功，IQ 的作用只占 20%，其余 80% 是其他的因素，其中情商占很大比重。有专家专门研究世界 500 强的 CEO，发现他们智商并不比普通人高多少，但是情商都特别高。智商是基础，孩子的智商可以让他获得工作的机会。但情商决定他的提升，高的情商可以让孩子走得更远，发展得更好。

11 岁的女孩晴晴上六年级，是我一直看着成长的孩子。她性格开朗、自信阳光、个性要强，成绩也非常优秀。从小学一年级到六年级，当过班长、学习委员，还是学校大队委的大队长。学校所有的集体活动，她几乎都是主角。但是最近发生了一件事情，使晴晴改变了很多。

晴晴上的学校，中午可以在学校午休，由班主任负责看护孩子。一天中午午休时，晴晴口渴了，报告老师，她想出去倒水喝，老师当时拒绝了她并告诉她，可以等大家起床了再喝。她就争辩：“可是我现在口渴了，不想等到起床以后。”老师认为她这样起床会影响其他孩子休息，但晴晴坚持说：“我可以轻轻地起来，能做到不影响大家休息。”老师对于她的坚持有些生气了，生硬地拒绝了她：“我已经说过会影响，你必须遵守规则，不要再说了，说过不准出去就不准出去，再说什么都没用。”因为这个事情，晴晴和老师争论了起来，老师更生气了，批评她不尊重老师。

本来班主任是非常喜欢晴晴的，但从那天起，两个人就进入了冷战。晴晴不再积极参加班里的任何活动，班主任也没有再鼓励过她。有一次，晴晴语文考试得了 96 分，全班第一名，在班级总结会上，老师表扬了很多同学，提到晴晴时，只是轻描淡写地说了句，这使她更加失落了。回到家里，晴晴对妈妈说："这个老师太气人了，明明我能做到不影响别人去喝水，她说我半天不是更影响别人吗？她就是看我不顺眼，我以后再也不努力学习了，也不参加活动了，什么职务都不担任了，以后就和老师对着干。"妈妈怎么疏导，都扭转不了她的想法。晴晴的爸爸妈妈非常焦虑，征求我的意见，要不要给孩子调个班级，换个老师。

分析了晴晴的情况后，我对晴晴妈妈说，孩子要学习适应环境，不要轻易选择调班或者换学校。如果不是特别恶劣、改变不了的环境，还是建议通过孩子的自我调整去适应，这也是孩子成长的契机。

在这件事情里，班主任老师感觉被最喜爱的学生挑衅，不被学生尊重，是有失权威、非常令人不舒服的事情。晴晴觉得自己的合理要求不能得到满足，是老师故意为难她。作为父母，我们有必要引导和帮助孩子解决问题，遇到同学和老师的问题，一定要让孩子信任老师、尊重老师，即使老师并不完美。

家长首先要做的，是疏导晴晴的情绪，感谢孩子能够在第一时间和妈妈分享这件事情，同时温柔地对孩子说："妈妈知道你感受到了不被尊重，非常不舒服，你有情绪是正常的，妈妈理解你。"

然后告诉晴晴，每个环境都会有不同的规则，不管我们是否认同，都必须遵守。就像到国外旅游，就要遵守那个国家的法律法规一样，否则有可能受到严厉处罚。这时我们不能说：我们有自己的自由，在我们国家就可以这样做，为什么不尊重我们？那么，我们在学校就必须尊重老师制定的规则，尊重老师。要想让别人尊重我们，我们首先要尊重别人。

在进一步沟通时，家长可以编个故事或找身边的事例来开导孩子。在奶奶家里，奶奶非常温柔，爷爷性格急躁，但其实他们都非常爱我们，只是奶奶用温柔表达爱，爷爷用严厉表达爱，他们都想让我们越来越好。我们要看到他们的爱，要尊重他们、爱他们。老师也是一样，他们总想让学生越来越好，但每个老师表达爱的方式不同，我们要学会从老师的负面情绪里找到正面的意义。学习好，是高智商的表现；正确处理情绪和问题，则是高情商的表现。我们期待晴晴成为一个智商和情商都高的优秀孩子。同时，我们还需要真诚地和老师进行沟通，对冲撞老师的行为表示歉意，同时肯定老师对学生们包括晴晴的付出，对老师的工作表示大力支持和积极配合。

过了两周，晴晴妈妈说：“我和老师沟通了孩子的情况，谈得很愉快。我一直按你说的去认可她、肯定她，她非常高兴。最后老师也说自己性格不好，容易急躁，有时候不听孩子解释，无意中伤了孩子，希望家长理解。这件事情过去后，我们都觉得晴晴成长了。她回来告诉我，她学会了如何跟不同秉性的老师相处，内心变得强大了，不再刻意苛求老师的认同和表扬。”

种植快乐的种子

许多哲学家和心理学家早已发现，人类行为在很大程度上都是趋乐避苦，即追求快乐、逃避痛苦。奥地利精神分析学派创始人弗洛伊德把这种理论归入他的无意识理论。在他的“快乐原则”里，快乐的构成要素主要是愿望得到满足，以及在达成愿望的过程中和达成愿望以后内心的那份激动。当一项工作或者活动能够给人带来快乐的时候，人们会更有兴趣积极参与和持久坚持。

孩子们玩玩具或者游戏之所以乐此不疲，主要是玩具和游戏能够给他们带来快乐。任何事情，只要能带来快乐，就更容易克服做这件事遇到的困难和挫折，坚持到底。孩子的学习和成长像一场马拉松，作为父母，最期待看到的是孩子愉快地跑完全程。我们不能预测孩子未来的人生会经历什么困难和挫折，但只要能让孩子保持勇敢乐观的心态，就能给孩子的成长带来巨大帮助。

情绪的愉悦和稳定对胎儿也很重要。科学家已经证实，胎教对于孩子是有效的教育。母亲怀孕期间心情愉悦，婴儿出生后情绪就会比较平和，安全感也比较足。相反，母亲在怀孕期间发生重大情绪波动或受到巨大惊吓，这种负面情绪会一直持续影响孩子的成长，甚至波及孩子的成年生活。

有一位叫雪莹的成人说自己从小到大都伴随着莫名的忧伤，很难快乐，遇到事情总是往最坏的方向考虑，经常有崩溃的感觉，内心总有一个声音——活不下去了。

在给雪莹做治疗的过程中，我们发现这是妈妈在孕育她时的感觉。爸爸在雪莹胎儿期得了重病，妈妈伤心欲裂，终日以泪洗面。这份感觉一直伴随雪莹出生和成长，使她很难轻松快乐地生活。当雪莹慢慢意识到这是妈妈的感觉，并且有意识地把自己和妈妈的感觉进行剥离以后，内在的快乐和幸福感才油然而生。

所以，给孩子种植快乐的种子，应该从胎儿期开始。如可以给胎儿播放优美的音乐，营造轻松的家庭氛围，母亲一直保持平和喜悦的情绪，等等。这样，才能创造快乐的环境，孕育身心健康的孩子。

所以，无论是幼儿园老师还是幼儿教育机构的老师，都必须温柔、平和。我们的儿童之家招聘老师面试时，认为性格不适合这个环境的就不会录取。录取以后，老师一旦被发现不合适，也会被淘汰；不合适但主动改变自己的可以留下来。同时，要求老师以愉悦的情绪对待孩子、对待工作。因为孩子和环境是互动的，环境中的一切都会影响孩子。早晨老师会哼着歌慢慢地打扫卫生。不一会儿，歌声中有孩子稚嫩的声音加入，孩子期盼地说："老师，我和你一起来打扫吧！"早晨的清扫变成了愉快的师生互动。老师邀请小朋友给花浇水，会对孩子说："植物渴了，需要喝水。我们一边给它喂水喝，一边给它唱歌或者讲笑话，它会感受到我们很爱它，会感到开心，会生长得更好。"在户外活动集合的时候，用歌声召唤孩子归队。在主题课程开始的时候，用歌声让孩子归位并保持安静，准备上课。在一日生活中，歌声总与孩子相伴，快乐总与孩子相伴。

同样，在家里营造快乐的氛围，也有助于孩子积极参与家务劳动或其他家庭活动。有一个家长因为家里人都不喜欢做家务，所以自己做家务时总会一边做一边抱怨。结果，她的孩子很自然地就把做家务和劳累、痛苦联系起来，不愿意去做家务，也没有兴趣去尝试。我建议她开心地去做家务，唱着孩子喜欢的歌，在快乐的气氛中邀请孩子参与，并适当地给孩子一些称赞和肯定，跟孩子一起欣赏劳动成果。她努力调整心态后，做家务没了烦恼。当她阳光正面地去邀请家人参与时，孩子甚至丈夫都愿意积极地参与进来，家庭气氛也变得越来越好。

同时，父母在孩子面前的讨论，也应该充满正能量，对孩子的成长予以正确引导。如孩子要上小学了，家长整天讨论："孩子上了学真可怜，作业那么多，起得那么早，一天到晚都在学习。唉，真让人心疼。""上了学，学习跟不上可不行啊，考试成绩不好，以后可麻烦了。"……孩子听在耳里、记在心里，会对上学以后要面对的生活充满不安、紧张和焦虑。相反，如果家长对孩子说："祝贺你，你要进入小学，成为一名光荣的小学生了，你和妈妈一样可以经常写作业了！妈妈非常喜欢学习，每次读完书或者做完作业，都感觉自己很棒。现在没有老师给我布置作业了，我就自己给自己布置作业。"孩子听完，会非常开心，十分憧憬即将开始的小学生活。同时，因为心中种下了"学习是快乐"的种子，孩子将来可能会有更持久的学习兴趣，真正爱上学习。让我们做一个智慧的家长，把快乐持久地植入孩子内心。

环境固然重要，但更重要的是让孩子明白什么是快乐、如何获得快乐。我曾给大一些的孩子们上过一节课，问孩子们做什么样的事情会很快乐。孩子们回答：吃美食、旅游、上游乐场……

我问孩子们："吃大餐快乐，但是要辛苦地拿餐具去吃，我代你们吃如何？""爬山可以看美丽的风景，但爬的过程很辛苦，别人代你们爬好吗？" ……孩子们几乎异口同声地回答："我要自己尝！""我们要自己爬，累也开心" ……最终，孩子们知道：所有快乐的事情都需要自己去付出。

我继续和孩子们讨论，爬山时爬到半山腰，如果能原地休息5分钟，大家一定很放松也很快乐。但如果要原地休息5个小时，估计大家会因为休息太久而全身难受。所以，全力以赴地去攻克难题和用心听讲以后的短暂休息，更加放松和开心。

同时，还应让孩子们知道，把做事当作玩，开心地去做的时候，做事和休息都快乐。一件事情，你可以选择开心地去做，也可以选择不开心地去做，收获是不一样的。既然一定要读书，就开心地去读，否则，读不好书还赔了快乐。

种植志向的种子

6～12岁是孩子职业梦想的萌芽期，很多成年人未来从事的职业都和这个年龄萌生的兴趣有关。带孩子拓宽眼界、开阔视野，接触不同的事物，有助于发现孩子的兴趣点，帮助孩子树立对未来的志向，点燃孩子的梦想。孩子在12岁前找到积极正向、感兴趣的事情去做，有助于下一年龄阶段 12 ～ 18 岁的成长，缓解青春期带来的焦躁不安，顺利度过青春期。

在孩子成长的过程中，需要有不同的人给予孩子指引。有时候，简单几句话就有可能改变和影响孩子一生。随着孩子的慢慢长大，他们可能对父母的话越来越抗拒，但对于他人的评价和劝导却愿意接纳。在孩子成长过程中，要多创造机会让孩子多接触充满正能量、积极阳光的人，这将对孩子的一生起到至关重要的作用。

每年的暑假，睿智人生青少年中心都会组织 6 ～ 12 岁的孩子在北京开展“志行天下游学营”，带孩子们见名师，帮助孩子种植梦想。孩子们的梦想可能是当画家、演员、作家、科学家、发明家……当孩子在青少年时期见到了心中的偶像，找到了目标，种下了种子，就会被潜移默化地影响，也许未来就会梦想成真。

科学家、五笔字型发明人王永民老师，为孩子们做了《热爱科学，为国争光》的演讲，告诉孩子们国家需要更多的创造发明，需要更多的科学家。听完演讲，不少孩子萌生了想当科学家的想法，并询问王老师如何才能成为科学家。

中国美术家协会会员、画家刘建伟老师为孩子分享水墨画艺术，并告诉大家，自己小时候和孩子们一样喜欢画画，并一直在坚持做自己喜欢的事情。相信这时孩子的心中，那粒艺术的种子已悄然发芽。

当清华大学本科学生刘梦春秋出现在营地时，孩子们都亲热地喊他学霸哥哥。刘梦春秋以大哥哥的口吻告诉大家，一个人的品质很重要，要勇敢、诚实，要对自己的行为负责；学习的过程中要耐得住寂寞，还要扛得住诱惑，学习专注才能高效；不要沉迷于电子产品、早恋以及吃穿攀比等。同样的嘱托，被学霸哥哥说出来后，孩子都欣然接受，因为喜欢和崇拜是一把能够打开孩子心门的钥匙。

孩子们在一次次与偶像老师的面对面互动和心灵碰撞中，一粒粒承载着梦想的种子已经在他们心中悄然种下，在孩子们生命成长过程中，只待有合适的环境和条件，这些种子就会按照自然的规律陆续生根、发芽、开花、结果。

我们给孩子打多少分

很多家长都会进入唯分主义的误区。西西妈妈对分数这个问题的处理非常艺术，值得学习。

上小学四年级的西西问妈妈："妈妈，我考多少分才是最优秀的？"妈妈告诉她，每个孩子都是独一无二的，都是最优秀的，如果在学习上打分的话，学校会有一个标准，例如：60 分及格，80 分良好，90 分以上是优秀。西西问："那 100 分呢？"妈妈告诉她，100 分是完美。

对于家长来说，在学习方面，要根据每个孩子的不同情况来打分，因为每个孩子都是不一样的，只要喜欢学习和努力学习就是优秀的孩子。例如，一个孩子很勤奋，也喜欢学习，但是用了全身的力气，最多只能考到 80 分左右，那么他以后次次达到 80 分，就已经很完美，妈妈都应该以他为荣。另一个孩子努力可以考到 100 分，但是次次都只考到 85 分，说明他还不够勤奋。家长要看重的并不是考多少分，而是孩子是否喜欢学习，孩子是否努力了。

我们在陪伴孩子学习成长的过程中，切忌不根据孩子的实际情况制订学习和成长目标，切忌盲目与别人家孩子攀比，避免孩子产生自卑、自暴自弃心理，丧失对学习和生活的兴趣和信心。作为家长，要客观分析自己孩子当下的情况，给孩子制订切实可行的计划和目标，让孩子始终充满兴趣和成就感。对学习保持浓厚的兴趣以及认真努力的学习态度，是家长评价孩子的重要标准，而不是仅仅以考试分数来评判孩子。

第五章

为爱护航，规则是安全保障

没有规矩不成方圆。我们确实得给孩子自由，让孩子健康、快乐地成长，但一定要谨记：自由是有限度的自由，规则和纪律是人生成功的基础和保障；规则要明确地执行，让孩子执行规则需要温和而坚决。

规则意识的建构带来安全感

遇到孩子大哭大闹或者可怜巴巴地想要满足自己一些愿望的时候，相信家长会用不同的方式对待孩子。在满足孩子的界限如何把握方面，很多家长头疼不已。满足得少了，怕孩子出现匮乏；满足得多了，又担心孩子养成坏毛病。

在孩子小的时候建立一些规则，能够帮助孩子建立内在的安全感，孩子知道在界限内会更加自在和安全，能够避免莫名的焦虑不安。这就像我们成年人行走在交通秩序严格的马路上，才会感到安全有保障。如果制订了规则又不去遵守，让孩子失去了对规则的尊重，他的心力反而会放在如何挑战规则上面，制订规则就失去了意义。

关于满足孩子的界限，儿童教育专家孙瑞雪老师在《爱和自由》一书中提出了三条规则：第一，不伤害生命；第二，不伤害健康；第三，不伤害道德。我认为，孩子在3岁以前要在这三大规则范围内活动。

什么是不伤害生命？3岁以前的孩子不能玩火、玩刀、玩电等。在家里我们把危险物品和药品收起来，让孩子拿不到，剩下的范围，孩子都是可以去探索和尝试的。

什么是不伤害健康？如吃东西前必须洗手，不吃不健康的食品，等等。如果家长买一堆垃圾食品放在那里，还对孩子说不准吃，这对于孩子来说简直是一种折磨。我们一定要选择适合孩子的食品。3岁的女孩菁菁大冬天非要穿单薄的纱裙出门，这就触碰了不伤害健康的规则。所以无论孩子如何哭闹，妈妈都要告诉她："天冷了，我们必须穿厚衣服。"每次都一遍又一遍地说服和要求，慢慢地，菁菁就接纳和认同了这个规则。

什么是不伤害道德？2岁的叮叮在餐厅用餐，非要爬到餐桌上去玩。因为爬到餐桌上会影响别人用餐，是妨碍公共秩序的行为，所以不管叮叮如何哭闹，妈妈都要反复地制止，直到叮叮不再提出爬餐桌。

除了这三大规则，还应该有一些家庭规则，例如给3岁以前的孩子建立"一"的概念：去超市，每次只允许孩子挑选一个他喜欢的玩具；吃饭必须坐在一个固定的位置上，不能乱跑……

晚上孩子不能按时入眠的问题，总让家长们苦恼。一些家长给孩子讲故事，自己已经困得快睡着了，孩子还很清醒，天天如此，家长会疲惫不堪。父母应制订一些小的规则，帮助孩子养成良好的睡眠习惯。3岁的女孩茗茗在睡觉前，总是要求妈妈讲故事，妈妈就和茗茗约定，睡觉前可以讲 3 个故事，但是必须闭着眼睛听，如果睁开眼睛故事就停止了。妈妈发现，茗茗只要闭着眼睛，就会很容易入睡，3 个故事还没有讲完，茗茗就已经睡着了。

同时，在孩子 3 岁前，不违反必要规则的情况下，还应该给予他充分的自由。因为这个时期的孩子需要广泛地去认知世界，放开他的手脚，才能保护他旺盛的求知欲望和学习兴趣，全面发展他的身体。

孩子慢慢长大，规则需要慢慢地增加。例如在 3 ～ 6 岁期间，应该再告诉孩子不影响到他人、不影响到环境等规则。当孩子违反规则时，要明确地给孩子指出来，并且告诉孩子应该怎样去做。如孩子在餐厅大喊大叫，家长要告诉孩子，大声喊叫会影响他人，请保持安静；当孩子在墙壁上画画时，要告诉孩子这样画会影响环境，请画在纸上。孩子进入小学后，学校会有一些新的规则，家长也应在孩子看电视、上网、玩手机方面制订规则，做出时间限制。因为孩子越小，电子产品对孩子产生的不良影响就会越大。孩子使用手机、电脑的时间越长，对正常渠道学习的专注度就会越弱。一般来说，幼儿园阶段的孩子，每天看动画片的时间不应超过 30 分钟。所看动画片家长要挑选适合孩子年龄段的，杜绝暴力内容。

孩子上小学以后，尽量不要给孩子配备智能手机，以免孩子在成人监管不力时接触不良信息。出于接送安全考虑，可以给孩子配备一部学生手机，只可以打电话和收发短信。一些孩子在小学四年级时，就已经能熟练地操作电脑，运用 QQ 和同学聊天。这个时候，要及时跟孩子商量，制订上网规则并严格执行。

规则的制订要尽量考虑在前，提早和孩子商量。如果我们发现孩子出现问题再制订规则，孩子容易产生很大的抵触情绪。

执行规则需要温和而坚决

规则一旦制订，如何让孩子遵守规则才是最重要的事情。

其实在执行规则的过程中，家长们会发现，无论是2岁的幼儿还是12岁青春期的少年，都会很难控制住自己不去破坏规则。例如2岁的宝宝大哭大闹，不到约好的买玩具日就要买玩具；青春期孩子到了该休息的时间，不愿意终止上网，会和家长出现冲突。这个时候，我们如何在规则和自由之间把握平衡？

作为家长，需要做到的是从爱出发。成人只有从爱出发进行要求，才能让孩子形成内化的规则，形成对自己行为的自律。

3岁的牛牛非常会看大人脸色。牛牛正在哭闹提要求时，看到爸爸脸色一变，就会立刻停止哭闹。牛牛爸爸认为，孩子非常听话懂事。果真如此吗？当孩子始终因为外界压力的存在才控制和调整自己行为的时候，孩子大部分的状态是以他律的方式来管理自己——有人看管着自己，告诉自己不能做，一旦外在压力没有了，孩子就立刻回到原始的、不受约束的状态，很难形成内在真正的自律。但孩子在成长过程中，以及成年以后需要的优秀品质和能力，是需要自律才能实现和培养出来的。让孩子形成自律的教育过程中，我们常不由自主地去批评或者惩罚孩子，这是一种背道而驰的方法，无法达到我们想要的结果。只有从爱出发，温和而坚决地执行规则，才更容易让孩子形成内在的自律。

3 岁的牛牛在超市买玩具。爸爸提前说好规则——只能买一个，但牛牛非要买两个。爸爸不同意，他就大哭大闹，躺在地上不肯走。这时，如果爸爸发脾气说“再不走就打你屁股”，孩子会因为恐吓暂时放弃哭闹，但等下次遇到好说话的爷爷，没有了恐吓，孩子还会要求破坏规则，买两个玩具，因为他内心并没有建立遵守规则的意识。

其实，爸爸应陪在孩子身边，温和而坚决地对他说：“我知道你想要两个玩具，但是我们说好了，一次只能买一个玩具。我知道你很伤心。如果你想哭，可以哭一会儿，爸爸会在这里陪着你，等你感觉好一些了咱们再离开。今天只能买一个玩具。”这样，爸爸对孩子的行为表示理解，并接纳孩子的情绪感受，帮助孩子疏导了情绪，孩子的情绪就不会积压，有助于孩子的心理健康。在孩子哭闹的过程中，无论是半小时还是一小时，爸爸始终保持陪伴和理解的状态，等待孩子情绪慢慢平复。孩子通过哭闹，情绪得到了宣泄，看到爸爸一直不急不躁地陪伴着自己，就更容易接受规则和建议。下次再到超市，同样的一幕如果重复上演，爸爸依然这样做，孩子哭闹的时间一般会比上一次缩短。这样反复几次以后，孩子就会主动遵守规则。

该去幼儿园了，但棒棒仍在玩玩具。尽管妈妈一遍遍地催促，让棒棒收玩具、换鞋出门，但棒棒好像没听到。这时，妈妈发着火对棒棒说："再不收拾玩具，我就把你的玩具扔了。"见棒棒答应着，但还是磨磨蹭蹭，妈妈就走上前把玩具夺过来扔到玩具箱里，拉过棒棒帮他把鞋穿上，带着出门了。这样做，棒棒可能还是改不掉做事拖拉的毛病。但如果妈妈走过去，温和而坚决地对棒棒说："到了收玩具的时间，现在请把玩具放进玩具箱。我们来比赛，看谁先把鞋子穿好。妈妈相信棒棒可以自己收拾好，并穿好鞋子。"棒棒可能就会很乐意穿鞋去幼儿园了。

要让孩子养成好习惯，仅仅靠说教和批评是没有效果的，而且孩子还会因觉得父母唠叨而反感，久而久之就会主动把父母的声音屏蔽掉。这个时候就需要我们一边说一边带着孩子去做，没有情绪，没有指责，就是告诉孩子在什么时间做什么事情。一开始我们是边说边做才有效果，慢慢地，孩子会养成习惯，家长一提醒，孩子就主动去做了。

第六章

解决成长中的焦点问题

家长在陪伴孩子成长的过程中，不同阶段会遇到不同的问题：有的家长是因为不了解孩子的身心发展规律，误以为孩子出现了问题而陷入焦虑；有的家长在孩子需要帮助的特殊阶段不知从何做起，所以感到束手无策；有的家长是因为自身的问题亟待解决，担心影响到孩子……每个孩子和家庭虽然不同，但问题却大同小异。我把这些普遍存在的问题称为“焦点问题”。下面，就针对不同年龄段不同的焦点问题，提出相应的建议供大家参考。

0～3岁孩子焦点问题

1/ 宝宝爱吃手是怎么了？

宝宝快两个月时，开始吃手了。月子中心的护理师建议买安抚奶嘴，到底要不要买给他？

嘴也需要安抚

在保证清洁卫生的情况下，可以吃手，也可以提供安抚奶嘴给孩子。但是孩子1岁以后，建议多增加宝宝的手部活动，吸引孩子做感兴趣的事情，让宝宝慢慢脱离吃手和使用安抚奶嘴的习惯。

2/ 孩子爱撕书怎么办？

孩子10个月时，家长给他看一些绘本，他看一会儿就会撕书，这正常吗？怎样才能让他不撕书？

探索欲望的萌芽

孩子的这种表现是正常的。这个月龄的孩子处于探索阶段，对什么都好奇，看到什么都会抓一抓、撕一撕、咬一咬。家长可以给孩子买一些可以放进澡盆的环保塑料书等撕不坏的书。另外，还可以给孩子提供一些容易撕的纸，让他通过撕纸发展手部动作。

3/ 对孩子要无条件地爱吗？

孩子2岁了，在不超越规则的情况下，尽量满足孩子的要求，就是对孩子无条件地关爱吗？过多的满足会不会有负面影响？

小苗需要温室养育

3岁以内尽量满足孩子的活动和合理要求，给孩子建立安全感，到3岁左右要给孩子定规则、立界限。

父母在孩子小的时候这么爱孩子，孩子长大后会不会抗挫能力差呢？当然不会。我们这样来理解，苗小的时候需要呵护，温室养育，把苗育好。这个期间，风雨一打击苗容易蔫掉，长大了以后就可以离开温室，不惧风雨。

4/ 自虐是毛病吗？

女儿1岁10个月了，她有时候愤怒时，会打自己的脸，或扯自己的头发。我们怎么说都没用，这是怎么了？

不要强化孩子的错误行为

父母不要强化孩子的错误行为，不要说“别打，别抓”之类的语言，越强化，她的这种行为就会越严重。要正确引导，在孩子抓或者打自己的时候，家长不要大惊小怪，只需要及时抓住她的手，重复说“轻轻地，轻轻地，轻轻地摸摸自己的脸”，然后转移她的注意力就可以了。强化孩子的错误行为，会让孩子继续按照错误的方式去做，只有给孩子示范正确的行为并且不断强化，孩子才会知道如何去做。

5 孩子画画要不要规范？

宝宝 2 岁 8 个月，画画的时候需要指出她画得不规范的地方吗？例如，她画动物或者人的耳朵，一个大一个小，不对称，是告诉她应该画得一样大，还是让她随便画、自由发挥？

涂鸦期无需培养孩子画画的技巧

孩子在 4 岁以前都处于涂鸦期，只要给孩子安全无毒的蜡笔，让孩子充分发挥想象力来画画即可。这个期间，不用教给孩子任何画画的技巧，只是在孩子画画的过程中，不要打扰他，以免分散他的注意力。画完以后，请孩子分享一下他的作品，讲一讲自己画的画，及时肯定和鼓励孩子就可以了。涂鸦期最重要的不是培养孩子作画的技巧，而是激发孩子无限的想象力和创造力。毕加索说：“我花了终生的时间去学习如何画得像孩子一样。”

6 孩子是不是谁带就和谁亲？

2 岁的宝宝平时靠奶奶照顾，因为三代人住在一起，孩子特别依赖奶奶。即使父母都在家，孩子也要一直跟着奶奶。

找回爱的技巧

2 岁前孩子会与经常带他的人建立安全依恋关系，谁带他多就依恋谁。我们白天上班，建议晚上睡觉前陪伴孩子入睡，下班多带她出去玩，多一些亲子共处的高质量陪伴，例如和孩子做游戏。和孩子的互动越多，我们和孩子的关系就会越来越好。

7/ 宝宝喜欢扔东西怎么办？

2 岁的宝宝脾气不好，喜欢扔东西，自己扔了还不允许别人捡起来，捡起来后她还要再扔掉，不然就大哭。我们很苦恼。

用正确的方法引导

孩子发脾气时，教给孩子正确表达情绪的方法，教孩子说“我很生气，很生气”；教孩子用跺脚、拍枕头等方法表达和疏导情绪。当孩子出现执拗地不让捡扔掉的东西等行为时，选择忽视她，不强化，不要非和孩子对着干，最好用做游戏和讲故事等孩子喜欢的方式去引导。

8/ 孩子抵触上幼儿园怎么办？

一个 2 岁 9 个月的小女孩，父母将她从老家带到了大城市入园。尽管幼儿园设施环境都很好，老师也照顾得很好，但她特别抵触，经常哭闹，甚至压根儿不敢出门了，生怕回不了家。哪怕带她出去玩，她也哭着说：“我不想去，回不了家怎么办？”甚至最后发展到不让家里的人出门。在幼儿园里，她都是哭着要老师抱，即便是午睡也不让老师给她脱衣服。唯一肯脱的是鞋子，还必须抱着鞋子睡。

后来实在没有办法，家人只好送她回老家上幼儿园。可是只要一提幼儿园，她就特别抵触，哭着说不去幼儿园，而且不愿意出家门了，一出家门问的第一个问题就是“我们怎么回家”。

怎样解决孩子上幼儿园的问题？怎样处理她的抵触心理？是否从现在就开始给她做心理疏导？她现在没有安全感，害羞，胆小，只愿意跟最亲近的家里人沟通、做游戏，这会不会影响她的性格？

先放松，后适应

第一，家庭环境变化，造成缺乏安全感。孩子需要稳定的环境和安抚，不要急于送孩子去幼儿园。先安抚孩子说：“我们不去幼儿园，等你准备好了我们再去。”让孩子先放松下来，不纠结到这个事情里。

第二，孩子社交能力没有培养好，不够胆大自信，才不愿出去。可以先带孩子去户外多接触小朋友，或陪孩子到早教中心上课。一般情况下，早教中心的孩子进入幼儿园会适应得好一些。

第三，给孩子讲故事。编一些小动物上幼儿园的故事，把幼儿园一日生活编进故事里，让孩子对幼儿园的一日生活熟悉起来，消除对幼儿园的陌生和恐惧，这也是入园准备的一部分。

孩子没有天生胆大自信的，都需要慢慢通过环境熏陶和培养。我们得积极主动地带孩子出去认识小伙伴、适应环境。孩子到了3岁多就应该有同伴交往，喜欢上幼儿园和小朋友玩了。如果3岁前没有适应好，她的交往意识会延后，不愿意出来交往和适应社会。

9 孩子天天尿裤子怎么办？

宝宝2岁就学会自己坐盆小便了，但2岁半以后天天尿裤子，我想问一下是什么原因。

不动声色就是应对办法

2～4岁是孩子的肛欲期，孩子在练习控制大小便，尿裤子很正常。不要责备孩子，不动声色地把衣服换了就行。孩子过了4岁就会越来越好，如果被责备有可能造成心理问题，会更难度过。

10/ 为什么2～3岁的孩子就开始说谎话了？

我家才2岁3个月的宝宝，最近竟然开始说谎话了。比如有一次，她用我的手机玩游戏，我问她，她马上告诉我她只是拍了张照片。她爸爸要我明确指出她说谎了，可我不能确定她是故意说谎还是下意识的反应。为了不强化这个事情，我就把手机收起来没有再提了。类似这样的事情最近频繁发生，我也不知道该如何处理。

不要给孩子贴说谎的标签

孩子在6岁以前没有明确的说谎心理，我们不用刻意强调说谎这件事，更不用给孩子贴说谎的标签。这时家长只要平静地对孩子说："妈妈看到你在玩游戏了！现在可以把手机还给妈妈了。"

11/ 孩子被吓到了怎么办？

宝宝2岁了，前段时间被装修的电钻声吓到了，现在他一听见大声讲话或电钻声就哭，怎么帮他疏导呢？

陪伴是疏导的关键

首先是疏导孩子情绪，家长帮助孩子说出被惊吓的感受，对孩子说："你一听到这种声音就很害怕，是吗？我知道了，宝宝很害怕。"

直到孩子情绪平复下来后，告诉孩子："爸爸妈妈小时候也会害怕，听到这种声音也会哭，哭的声音比宝宝的还大。现在爸爸妈妈长大了就不怕了。等宝贝再大一些，也不会害怕了。现在有点害怕没关系，妈妈会陪着你。"

12/ 让孩子跟爷爷奶奶住一起好吗？

我家大宝3岁，现在二胎怀孕5个半月了，二宝出生后我想尽量让两个孩子晚上都跟我在一个房间休息，因为大宝从出生一直都跟我住一个房间。但这样可能我的身体得不到很好的恢复。我是跟孩子爷爷奶奶住在一起的，孩子奶奶主动要求由她来照顾大宝睡觉。让孩子跟爷爷奶奶住一起好吗？

高质量的陪伴

如果妈妈的身体允许，可以根据大宝的意愿，初期尽量让大宝也和妈妈睡一起，切记不要强分离，要慢慢来。二宝出生后，每天尽量抽出一个小时左右的时间专门陪大宝，高质量地陪伴大宝。

13/ 调皮爱动的孩子有问题吗？

我家宝宝2岁半了，刚开始上早教课时很听话，能老老实实坐一堂课，老师带着做动作，她也跟着做。但现在上课一点也不听话，喜欢在教室里躺着或者打滚儿，吸引老师去点她名，不点名就不跟着老师做动作。

孩子现在到了上幼儿园的年龄，我担心她上幼儿园万一也这样不听话，幼儿园老师会讨厌她。

调皮的孩子大多都聪明，不打扰别人就好

这个年龄段的孩子正在建立自我意识，已经尝试按照自己的想法做事情，尽量不要批评她，只转移她的注意力就行。如果真的不跟着做，只要不影响别人，可以妈妈做，吸引她。孩子这个时期是吸收性心智，即使不做，只要在教室里，眼睛耳朵都在不自主地学习，都在吸收。回家你会发现，她什么都会，所以只要孩子不离开教室，不用纠结，就这样自由地学习，不打扰别人就好。

家长不必担心孩子上幼儿园有问题，随着孩子年龄的增长，这个阶段会过去，幼儿园老师也会允许孩子适度自由和引导孩子遵守秩序，只要孩子遵守幼儿园大的规则就没有问题。

14/ 孩子爱啃手指甲怎么办？

我家宝宝 2 岁半了，总是吃手、啃指甲，指甲都啃得光秃秃的，怎么管都没有用。有时候她吃手把手都咬出血了，我又心疼又生气，还狠狠地打过她的手。她还说：“不爱妈妈了，爱爸爸。”我说：“你不吃，妈妈就不打了。”但是没有用。

不让孩子的手闲着

首先要到医院检查一下，孩子啃指甲是不是缺乏微量元素。如果是生理原因，要及时治疗。

如果不是生理原因，就要考虑心理因素，看是不是因为压力或者焦虑引起的，家庭氛围是否轻松和谐，孩子是否受到关爱。另外，要让孩子放松下来，告诉孩子：“这是你的手，洗干净了可以吃。”不给她压力。

不要强化孩子吃手的概念，不要总提醒孩子不要吃手，而是在孩子吃手的时候，转移她的注意力，不断地找孩子感兴趣的事情给她去做，让她的手不要闲着。慢慢地，孩子就会度过这个阶段。

15/ 孩子没有自主意识怎么办？

我家孩子快3周岁了，从小就没有争抢的意识。游乐场的小车，她正玩着，别的孩子一过来，她就赶紧下来，让给别的孩子。在幼儿园，小朋友都抢着玩皮球，她就不抢着玩。在家她也玩球，问她为什么在学校不玩球，她说不喜欢。我很担心，她这种性格以后会不会受欺负？

培养内在力量

孩子没有问题，家长不用焦虑。这是孩子的自我保护。孩子很聪明，已懂得如何保护自己。

不用刻意让孩子争抢，但可以多让孩子和小朋友一起玩，锻炼她的交往能力和胆量。当她有内在力量时，才会喜欢更多地参与到竞赛类游戏中。

16/ 早学数学好吗？

我家孩子现在2岁8个月了，她奶奶在教她5以内的加减法，孩子倒是也不排斥，你提问她就能回答出来。这么早让她学加减法好吗？

善于用教具

孩子在这个年龄段是具体形象思维，并没有发展到可以进行抽象逻辑思维的阶段，还不能真正理解加减法，只是因为记忆力好把这些得数背下来而已。

所以，不建议孩子进行枯燥的加减法学习，但可以运用加法板、减法板等蒙氏教具进行操作练习，孩子在操作中会真正理解加减法的意义。

17 孩子赖床怎么办？

孩子2岁5个月了，早上让她起床穿衣服，她就哭闹不止，我该怎样做才对呢？

让有兴趣的事情发生

让孩子起床，可以尝试用讲故事的方式进行，一边给孩子模拟情景讲故事，一边就势穿衣服。例如：小熊起床了，先穿上衣，它说：“我伸出左边手臂，我再伸出右边手臂……”

18 让2岁半的孩子背诗早不早？

我和2岁半的女儿背诗，她非常乐意，你一句我一句，她已会背6首。有人告诉我这叫过早开发，我做错了吗？

从兴趣出发

背诗要从孩子兴趣出发，以游戏的方式进行。孩子喜欢读，背诵一些也可以，目的是发展孩子的语言，增加亲子之间的互动。孩子不感兴趣的时候不要勉强和坚持，拔苗助长式的教育不但会造成事与愿违的结果，更会抹杀孩子对学习的兴趣。

19/ 孩子要求抚摸她是什么心理需求?

我是姥姥，我的外孙女 2 岁 2 个月，爸爸妈妈都不在国内。宝宝 1 岁的时候，在国外工作的爸妈把她送回了国。宝宝原来在国外养成了睡觉要吮吸安抚奶嘴的习惯，现在除了吮吸安抚奶嘴，还要摸我的衣服袖子，有时还会要求我用衣服袖子轻轻地抚摸她的脚心、小脸、手心手背，这个现象是怎么回事?

安慰物是必要的

孩子把衣服袖子当作了她的睡眠安慰物。很多孩子都会选择安慰物帮助自己入眠，有的选择抚摸妈妈的耳朵、脸庞，有的选择吮吸妈妈的乳头，有的选择摸着被角入睡。所以婴儿一出生，最好主动给他提供一个安全卫生的小毛巾或者小枕头当睡眠安慰物。如果没有及时提供，孩子会自己寻找一个。

睡眠安慰物一旦固定下来，孩子就很难再改变。另外，孩子 2 岁多了，可以给孩子提供一些适合的玩具和活动，转移她的注意力，使她慢慢脱离安抚奶嘴。

20/ 出差后孩子哭闹怎么办?

孩子 2 岁 10 个月，自从上次他妈妈出差，他晚上有时候见不到妈妈就哭着找妈妈，很伤心。妈妈在家的时候，偶尔半夜他也会哭醒找妈妈，妈妈哄着有时也不行，不知道为什么。

可能是那天她妈妈走得很匆忙，没来及告诉孩子。

要大大方方告知，不要哄骗

家长不能认为孩子小，离开的时候就不用告诉孩子，偷偷离开孩子很容易造成孩子的焦虑不安，没有办法建立亲子之间的信赖和安全依恋。孩子突然见不到妈妈了，不知道妈妈为什么离开，也不知道妈妈走多久，会非常焦虑不安。突然妈妈回来了，但孩子不知道妈妈会不会又突然离开，所以没有安全感，会焦虑哭泣。

因此妈妈离开孩子的时候，一定要告诉他，妈妈要离开多久，去做什么，什么时候回来，告诉孩子你很爱他。针对大一些会交流的孩子，告诉他，回来会给他带礼物，问他想要什么。针对现在的情况，妈妈每次离开都要告诉孩子。孩子哭了，妈妈一定要温柔而坚定地安抚孩子说："妈妈爱你！妈妈要去工作，但是一忙完，马上就会回来陪你！"反复多次，孩子就会越来越好。

21 孩子木讷怎么办？

我家儿子 2 岁 3 个月了，有人打他，他无所谓；有人抢他的玩具，他也无所谓。带他出去玩，别的小朋友都在一起跑啊跳啊，他就自己呆呆地站在一旁，看起来很木讷。我很担心他的性格，不知道该怎么办。

背后给他力量

家长带着孩子，先帮助他建立界限，有人抢他玩具，告诉他："这是你的玩具，你可以要回来！"然后你抱着他，或者站在他背后给他力量，支持他一起要回来。

从告诉孩子"我们一起要回来"，慢慢过渡到教他自己去要。如果孩子有勇气说出来，教他自己说："这是我的玩具，请还给我。"如果他不敢说，家长要对小朋友温和而坚决地说："这是我们的玩具，请还给我们！"如果小朋友不给，就找对方家长要回来——这样对两个孩子建立界限都有好处。

22/ 姊妹俩爱争抢东西怎么办？

我家有一对2岁2个月的双胞胎女儿，妹妹经常和姐姐抢玩具、抢衣服，经常用玩具捶打姐姐的头，怎么说她都不听。最后没办法，我打了小女儿，可是她并没有改变。

物权明晰，引导对的不强化错的

即使是双胞胎女儿，长得一模一样，也不建议衣服、玩具混用，最好把两个女儿的衣服和物品分清楚。如果买的是一样的，也要做好标记，让孩子可以辨认自己的玩具和物品，可以各自建立自己的物品所有权。这样有益于发展孩子的自我意识，不容易发生争执。

针对妹妹打姐姐的问题，如果是抢玩具，一定要捍卫每个孩子的物权，是谁的就是谁的，家长要帮助孩子建立物权意识。当妹妹去打姐姐时，首先要及时制止，然后不强化“别打姐姐”，而是强化“给姐姐说，这是我的”“我想玩玩”，教孩子学习表达和沟通。只强化正确行为，不要强化负面行为。

23/ 女孩爱挑衣服正常吗？

女儿现在2岁10个月了，每天起来总是挑衣服，穿衣服就要浪费20多分钟。更甚的是最近一周，下午放学回来就要把衣服全脱掉，按照自己的想法换一身衣服。有一次天特别冷，她竟然要求换一件比较薄的衣服。我不同意，她就大哭不止，怎么说都没用。我暂时不管她，由着她哭，大约十几分钟后她还在哭。

我觉得很崩溃，不知道该怎么办。

爱美是天性，健康是界限

首先，在不影响孩子健康的前提下，允许她挑选自己喜欢的衣服，因为孩子处于对美的探索时期，可以给孩子一些尝试的机会。

其次，如果孩子挑选的衣服确实影响了健康，没办法让孩子穿，就温和而坚决地告诉她："这件衣服不能穿，因为天冷。"如果孩子大哭，就陪伴她，并且告诉她："我知道，不让你穿这件衣服你很伤心，伤心的时候可以哭，妈妈理解你，妈妈爱你！"要一直陪到她情绪平复下来。

24/ 女孩学男孩小便是毛病吗？

女儿现在2岁8个月，她在幼儿园看到男孩站着在便池边小便，也要站着尿到便池里。我该怎么引导和解释这件事呢？

模仿是天性使然

女孩子这个阶段模仿男孩子小便是正常的，不必焦虑。她在观察自己和异性的不同，只需要告诉她"女孩要蹲下小便"就可以了。她模仿几次，会弄湿裤子，感觉不舒服就会改过来。这个阶段很快就会过去，不要大惊小怪，不要让孩子感觉这件事被重视，因为这样会人为地给孩子带来羞耻感。

25/ 孩子太爱哭怎么办？

儿子2岁8个月，特别爱哭。吃饭的时候，自己的勺子掉了，哭；玩玩具的时候，积木倒了，也哭；音乐课上他非去弹老师的钢琴，不让他弹，他又哭……怎样才能让他学着控制住自己的情绪呢？

孩子需要时间来学会控制情绪

孩子爱哭也是正常的，哭是一种宣泄，大人应该允许他、倾听他的哭，同时对他说："妈妈知道了，你是因为……才感觉伤心。没关系，想哭可以哭一会儿。妈妈爱你！但是，在上音乐课，不能打扰到别人。"孩子需要时间来学习控制情绪，家长要学习接纳孩子的情绪。

3～6岁孩子焦点问题

1/ 孩子爱找事是怎么回事？

儿子3岁，刚上幼儿园。最近，他从幼儿园回来后总是找事，动不动就发火，躺地上打滚，大哭大闹。这到底是怎么回事？

释放压力，舒缓情绪

孩子刚上幼儿园，需要适应新环境，在幼儿园的一整天都处于陌生和焦虑的状态，回到家里放松以后，就会释放压力和情绪，家长不必焦虑。最好的办法是，孩子一放学，就带他到户外多玩耍，多进行大运动活动，释放他的能量。

孩子在运动和笑声中会缓解压力、舒缓情绪。当孩子借故大哭大闹时，哭泣也是释放情绪的一种方式，理解他，平和地对待他，告诉他：“妈妈知道你这会儿心情不好。妈妈爱你，你想躺地上可以躺一会儿，妈妈可以陪你一会儿，感觉好点了再起来。”

2 女儿为啥喜欢拿着奶瓶躺着喝？

女儿现在3岁半了，从小养成了拿着奶瓶躺在床上喝奶、然后睡觉的习惯。现在想让她坐着喝完奶，然后玩一段时间消化一下再上床睡觉。她不同意，哭得撕心裂肺的，非得躺着喝，怎么办呢？

有安全感又没有负作用，为什么不可以

孩子用三年时间养成了这个独有的睡眠习惯，也就是形成了她的睡前秩序感。按照这个秩序感，去按部就班地做，会让孩子感到安全，有助于睡眠。尽量不要破坏孩子的秩序，就让孩子躺下喝，没有问题。

3 坏毛病如何改？

孩子3岁3个月了。不知道怎么回事，她最近老把喝不完的牛奶往饭里、菜里或者其他盛有东西的杯子里倒，说了好多次她都改不过来。在幼儿园知道玩过的玩具要归位，回家了就满地扔，告诉她很多次也没有改过来。

做示范养成好习惯

孩子牛奶喝不完乱倒的时候，首先不要大惊小怪。当家长对孩子做这件事情反应强烈，如表情和动作都很夸张时，孩子就会觉得很有趣，甚至会把这当作和父母一起玩的游戏，持续地去做，

所以要忽视她的错误行为。

其次，在她倒牛奶之前，尽量及时收掉杯子，然后正确示范给她，告诉她："牛奶喝过了，放到桌子上。"如果已经倒进饭菜里，要淡定地收拾干净，没有任何反应，只是重复地说"牛奶喝过了，放到桌子上"就可以了。当孩子感觉到倒牛奶这个游戏不好玩，引不起家长的反应，就不会再做了，会按照家长的方式去做。

在家里玩过玩具以后，家长每次都要一边强化"玩具不玩了，从哪儿拿的要放回哪儿去"，一边和她一起整理玩具。要运用孩子喜欢的方式培养孩子归位的习惯，例如可以和孩子比赛谁先归位，以讲故事的形式说："兔妈妈闭上眼睡着了，小兔子把玩具一下子放进去了，妈妈醒来发现玩具不见了！"

4/ 早上孩子不想上幼儿园怎么办？

儿子3岁半了，每天早上起床后都说不想上幼儿园。我和老师交流多次，幼儿园老师说他在学校状态挺好的。但早晨我带他出家门时，他找理由不愿走，磨时间，每天都迟到。我为此很头疼。

耐心养成愉快入园的习惯

如果在幼儿园状态好，那孩子的反应就是正常的，因为孩子都更喜欢待在家里，尤其是小年龄段的孩子。如果孩子只是说说而已，你就回应："妈妈知道了，妈妈爱你，知道你不想离开妈妈，不想离开家。我们都有工作，上班是妈妈的工作，上幼儿园是孩子的工作，现在我们该吃饭了……现在我们该出发了……"家长一边耐心地倾听他的感受，理解他，重复地告诉他你爱他，晚上会准时接他，一边继续带孩子洗漱、用餐、去幼儿园。

家长在孩子倾诉的时候不要焦虑，尽可能平和地对待孩子。到了幼儿园，温和而坚决地对孩子说："妈妈相信宝宝在幼儿园一定很开心。宝宝放学了，妈妈准时来接你，妈妈爱你！"不要多停留，坚定地离开。连续几天以后，孩子就会建立愉快入园的习惯。

5/ 儿子为啥爱掐别人？

儿子3岁半，从小就由姥姥带着，跟小孩子接触比较少。他1岁半的时候，我们发现他特别怕小孩子，从不主动与别的孩子接触，遇见了就远远躲开。

有一次上早教课，同班的一个小孩打了他一下，他不敢还手，就趴我身上哭，还不停地掐我，把我整个大腿都掐紫了。我当时非常害怕，后来又听他姥姥说，白天在小区广场骑自行车玩，迎面一个小孩摸了一下他的自行车，他立刻就趴在姥姥身上，开始掐姥姥。这种情况是怎么了？

用爱缓解焦虑

有可能是因为早期和同龄孩子接触比较少造成的，孩子对于外界环境比较敏感。要尽量多带孩子出去，多给孩子创造接触小伙伴的机会，孩子与同伴多接触、交往得多了就好了。

另外，当孩子出现问题时，记得多倾听孩子。他掐家里人时，最好握着他的手对他说："妈妈知道宝宝害怕了，妈妈爱你。宝宝害怕了，现在我们可以哭出来，也可以跺脚，也可以大叫，也可以说'我害怕'。妈妈爱你，妈妈会一直陪着你。"然后拥抱他，帮助他缓解焦虑。时间久了，孩子就会渐渐走出心理阴影。

6 女儿拖拉又爱发脾气怎么办？

女儿3岁了，我期待她从小有好的生活习惯，到了上学时间就去上学，不拖拉；情绪稳定，不会动不动就生气。但是她的表现恰恰相反，我很烦恼。

把指责改成倾听，把埋怨变成疏导

3岁正是形成好习惯的时期，想让孩子做事情不拖拉，家长要注意对待孩子的方式。想让孩子做到某个事情，不能仅仅用语言一遍遍催促。正确的做法是，第一次提醒孩子后发现孩子没行动，第二次就边把鞋子递给他边说："宝贝，来，这是你的鞋子，穿上。"

另外，不要用指责的语气，不要给孩子贴"磨蹭""动作慢"等标签。不要经常指责他"你怎么这么磨蹭"，孩子会认为自己就是这样。要正向引导，用孩子喜欢的方式，运用鼓励和游戏的方式让孩子去做。如不妨这样诱导启发："我的宝贝是魔术师，我一闭上眼睛，鞋子已经穿好了。我们比一比，看谁先出门。"

至于暴躁，如果孩子有情绪，要允许孩子生气，但是要告诉孩子不要伤害他人。当孩子发脾气的时候，倾听他的情绪，告诉他，可以通过表达，说出自己的感受来疏导情绪。

3岁的孩子处于自我意识发展阶段，也在练习如何控制情绪，我们要做好疏导和陪伴。

7 女儿尿裤子被嘲笑产生心理阴影，该怎么引导？

女儿快4岁了，老师说女儿会在专注地玩玩具时忘记上卫生间，将小便尿在裤子里。每当此时，小朋友就大声喊："老师，星星又尿裤子了！"这个时候，她会很紧张，说："没有没有……"想以此掩饰这件事，还不想去换裤子。她有时还会大声对小朋友说："这没什么，没事的。"老师说能感到孩子其实心里挺介意的，现在已经有点心理阴影了。

女儿也告诉过我小朋友齐声说她尿裤子的事，可我不知道怎么引导。

讲自己的故事，给孩子减压力

劝解消除女儿的焦虑，告诉女儿："妈妈小时候也这样，只顾玩呢，就忘记去卫生间了，小朋友也笑我。别的小朋友也会尿湿裤子，长大就好了，没关系的。你看妈妈现在就好了！"

让老师告诉小朋友们，每个孩子都会这样，长大了就会好的。另外，请老师多关注孩子，及时提醒孩子去洗手间，尿湿了悄悄换换衣服就可以了。

不用紧张，不给孩子压力，慢慢地孩子就会度过练习控制大小便的阶段。

8 孩子胆小怎么办？

我家儿子4岁了，性格太内向，不爱表达，胆子还小。怎么样让他性格外向一些？

不给孩子贴标签

首先，不要在孩子面前谈论孩子性格很内向之类的话，否则会给孩子心理上贴标签，孩子会认可自己就是内向的孩子，潜意识就往这个方向发展。我们要在人前人后都对孩子说："我们的儿子胆量越来越大，口语表达得越来越好。"一方面用语言去肯定孩子，给孩子内心播下自信的种子，另一方面还要给孩子创造机会表现自己，适时抓住契机对孩子进行鼓励和肯定。

9/ 孩子挑战规则，我该怎么做？

一天晚上，4岁半的女儿想吃汤圆，但家里没有，她就不高兴了，还打了我两下。我告诉她生气要用正确的表达方式，如果再打我，就要坐三分钟板凳。以前这样劝她挺管用的，但这次不知怎么了，我劝的时候她又拍了我一下。我让她坐小板凳，她哭了快半个小时就是不坐，后来实在是哭累了，躺在地上不动了。我抱起她，告诉她“我爱你”，一听这话，她委屈得不行，说我不尊重她，所以她也不尊重我。我问她什么是尊重她，她说什么都听她的才是尊重她。我说，不违反规则，想干什么都行，违反规则不行。她说不要规则，违反规则时要放过她。

温和而坚决地执行规则

这个时期，孩子就是喜欢挑战规则，哭和闹都是正常的，要吃汤圆哭闹，有可能是困了，找个理由哭闹，想睡觉。另外，可能就是想挑战规则。但不管哪一种，都很正常。

面对孩子哭闹，我们要做的就是保持温和而坚决的态度。坚持自己的规则，告诉孩子“妈妈爱你，但必须遵守规则”。孩子哭闹几次以后，慢慢就会认同规则了。

10/ 孩子很固执，该如何引导？

4岁多的女儿出去玩时遇上一个认识的小伙伴，那个小伙伴坚持要她手里的玩具。女儿不给，那个小朋友就说：“那我以后不跟你玩了。”女儿就追着那个小伙伴一直说：“等我5岁时，我把东西给你玩。”回到家里我们都告诉她：“小朋友这会儿不跟你玩，一会儿或者以后就跟你玩了。”但是她很固执地说：“她以后都不会跟我玩了。”像这样的事情发生过很多次，我们该如何引导她？

用故事来化解

孩子4岁多，正处于热衷伙伴交往的阶段，很在意小朋友之间的交往。家长可以用故事的方式让她明白怎样交朋友，并示范给她做。故事可以这样讲：小兔子在海边捡到一个漂亮的贝壳正在玩，好朋友小羊过来了，对她说：“给我玩玩可以吗？”小兔子说：“我们俩一起玩吧！”他们俩就开心地玩起来。一会儿小羊回家了，小鸭来了说：“你的贝壳让我玩玩吧？”小兔子说：“好吧，但这个是我的贝壳，你玩一下要还给我。”小鸭答应了。小兔子把贝壳给了小鸭，小鸭开心地玩了一会儿，把贝壳还给了小兔子，说：“谢谢你！”小兔子很开心。

11/ 男孩子几岁上小学最合适？

儿子5岁半了，总喜欢边吃饭边玩，写作业时总喜欢玩橡皮或在作业本上乱画，怎样才能让他的注意力集中？幼儿园今年就读完了，我应该马上送他去读小学吗？用不用让他再上一年幼儿园？孩子几岁上小学最合适？

年龄和专注力都达到时最好

孩子最佳上学年龄，是在6周岁以后。如果是男孩，6岁半或者更大一些上小学会更好一些。因为在儿童期，男孩子的身心发展都明显滞后于女孩几个月时间。你会发现，同年龄的男孩子所谓“开窍”会晚一些，这是由男孩的生理规律决定的。

专注力是孩子上小学以后最重要的学习能力，良好的专注力可以让孩子学习更加轻松。提供环境让他大量地去做自己感兴趣的事情，重复地去做，这样容易培养孩子的专注力。

因为孩子的年龄才5岁半，专注时间只能达到15分钟左右，这是正常的。不要给孩子布置太多的作业任务，那会超出孩子的承受范围。学习是一生的事情，要循序渐进，保护孩子的学习兴趣。

6 ~ 12岁孩子焦点问题

1/ 孩子太依赖小伙伴怎么办？

孩子6岁多，上幼儿园时有个很好的小伙伴，经常在一起玩，现在又进入同一所小学。我发现她很依赖小伙伴，干什么都想和她在一起，没有伙伴就很不开心，玩也没劲。她的同学有时去学校有些晚，哪怕迟到，孩子也要等着她。有几次我不想等，执意我们先走，她很不开心，情绪很低落，到教室了也是盼望着同学赶紧来。我发现她的注意力全在这个同学身上，我很苦恼，不知道该怎么引导她。

接纳的同时陪伴她走出去

孩子因为刚刚进入一个新环境——小学，小伙伴的陪伴会帮助孩子消除一些焦虑和不安。我们要理解、接纳她的行为。

同时，我们还要帮助她多交一些新朋友，如周末可以邀请朋友的同龄孩子一起玩，慢慢扩大孩子的交往范围。还要多带孩子参与集体活动，锻炼孩子的独立意识。慢慢地，孩子的朋友会越来越多，就不会过度依赖个别小伙伴了。

2/ 孩子爱偷小东西怎么办？

孩子 7 岁多，性格有些内向，家里有了二宝，没办法照顾他学习，就送他去寄宿小学上一年级。有一次接他时在学校门口的小超市买东西，结账时突然看见孩子偷偷拿走了收银台旁边放的棒棒糖！我怕当面指出他内心会受伤害，所以没吭声，在他没看见的时候把钱付了。

不久之后又有一次去超市给他买东西时，他又偷偷地拿了一个口香糖。回家的路上我对他说："你想吃什么妈妈会给你买，下次一定不要再偷偷拿东西了，好不好？"尽管他说"好"，但我不知道以后他会不会再出现这种情况，我也不知道自己到底怎样处理才是最正确的。另外，我感觉自从住校以来，孩子没有以前开朗自信了。

小孩没有偷的概念，应规范和引导

针对孩子拿超市糖果的情况，不要给孩子贴标签，不要说"这是偷的行为"，这会给孩子带来羞耻感，但必须告诉孩子怎样做才正确。下次再有类似的事情只需很平静地说："你想吃糖吗？

我看到你拿到一块糖，是不是忘记结账了？每样东西都要付完钱才能拿走。来，我们问问多少钱，咱们买下来。”

正确地引导和规范孩子的行为十分必要。这位妈妈在路上告诉孩子的话就挺好，只是一定要明确说：“有需要告诉妈妈，妈妈会买给你，别人的东西未经许可或者没有付钱，一定不可以带走。”

另外，孩子这么小，不建议住校。他的性格又内向一些，也需要多花一些时间和精力去陪伴，不要因为二宝的出生让孩子感觉到父母的爱减少了。

3/ 孩子一读书就瞌睡怎么办？

孩子刚上小学有些不适应，甚至有点恐慌。第一天老师教孩子们读了两段话，要求会背，中午回家后她就开始哭，说背不会。晚上放学看她情绪稍好些，就领她背，谁知她瞌睡起来。我没有坚持让她背，让她睡了。现在，我发现一让她读书她就想睡觉，我应该怎么做？

释放负面情绪，播下快乐学习的种子

孩子刚上学，有压力也很正常。首先，家长自己先做到不焦虑，才能帮助孩子放松，激发孩子的学习兴趣，提高孩子学习的信心。我们可以告诉孩子：“妈妈在刚上学的时候，什么都不会，比你差远了。一段话，妈妈背几十遍还记不住。你试试看，是不是比妈妈好一些？”和孩子一起开心地读，不断地肯定和鼓励孩子；一起比赛，看看谁先背好。让孩子获得学习带来的成就感和喜悦。

其次，孩子的学习任务一完成，就要立刻带孩子做一些家庭游戏或者孩子喜欢的活动，帮助孩子释放一天的学习压力带来的负面情绪，这有助于孩子调整身心状态，充满信心地迎接第二天的学习。

最后，还要告诉孩子，只要认真和勤奋地学习，学习就会越来越轻松，越来越快乐。要从小给孩子播下快乐学习的种子。

4 小孩“过家家”玩过了头，该如何引导？

女儿 8 岁了，有一天和我交流上学期在学校发生的事情，迟疑着对我说，上学期有一次她和班里两个男生玩“过家家”时，亲了那两个男生的嘴巴和脸。她觉得这件事很丢脸，不敢告诉我，最后还特意给我说：“妈妈，我可不是早恋！”我知道事情本身也没有什么，我只是很惊讶于孩子居然说出“早恋”这个词，她才 8 岁啊！我该怎么引导孩子呢？

是家长自己想过了头

孩子能够如实地把事情告诉家长，家长一定要对她的这份信任给予充分的肯定和鼓励：“我很开心你能告诉我这件事，无论做了什么，都可以和妈妈说，妈妈不会批评你，只会帮助你。”

另外，我们要告诉孩子，男孩、女孩一起玩“过家家”很正常，但是为了保护自己和他人的健康、安全，要注意身体的界限，不触碰身体的隐私部位（小背心、小内裤遮盖的部分）以及面部五官。同时还要告诉孩子，要有心理的界限。男孩、女孩在一起玩时，要相互帮助，让自己和对方变得更好，但谈恋爱是长大成人以后的事情。

5 孩子老受欺负怎么处理？

9岁的儿子一天放学回来后，突然告诉我不想上学了，因为班上有几个调皮捣蛋的孩子老欺负他。孩子告诉过老师几次，老师训完他们还是老样子。孩子自己也尝试和他们对着干，可是毕竟一个人势单力薄。我一直鼓励孩子自己处理问题，但孩子也委屈地说很为难，也不想再找老师继续反映问题。我该怎么引导孩子正确处理这样的问题？

有效沟通，协调解决

对于9岁的孩子，如果这个问题已经让孩子很苦恼，而且老师处理过也无效的情况下，建议家长要认真对待。家长可以介入帮助孩子解决这个问题，因为6～12岁的孩子自己处理问题的能力不是很强，对家长和老师还在权威认同期，愿意听取家长的建议和得到家长的帮助。这个时候的同伴关系也非常重要，如果处理不好，容易使孩子对家长失去信任，到了青春期，任何事情都不愿意和家长交流了。

一方面，家长可以针对这个事情郑重地和老师谈一谈，争取得到老师的重视和帮助。另一方面，要联系到那几个孩子的家长，做真诚有效的沟通，反映孩子在学校的情况，请那几个孩子的家长回家和孩子沟通，共同为孩子们建立好的伙伴关系而努力。

6 孩子有早恋征兆，如何引导？

11岁的女儿已经到了情感萌芽状态，和一个男孩相互喜欢。她和我提过这件事，我没当回事。可一天晚上她睡觉后，我听到她的手机响个不停，看了一下，是那个男孩发来了短信。由于好奇，我看了他们以往的聊天记录，觉得应该找孩子好好聊聊，但又不知道怎么引导她。

科学引导，发现孩子美好的品质

首先祝贺女儿，因为她身上有很多美好的品质，所以有男孩喜欢她。同时提醒女儿，她还是未成年人，健康成长需要妈妈做监护人。

允许她交朋友，但是规则必须遵守：可以一群孩子在一起玩，但不允许和一个男孩单独在一起；不和陌生人聊天（包括QQ聊天）和玩；认识的朋友要让妈妈知道，也可以邀请到家里玩；无论出现任何事情都可以求助妈妈，妈妈永远爱她，在妈妈心目中，女儿最重要的是安全和健康。

7/ 孩子上课注意力不集中怎么办？

孩子12岁了，上七年级，最近在学校的学习情况不是太好，默写英语单词三遍都不过关。老师说他上课注意力不集中，我没有像以往那样大呼小叫，想帮他但又不知怎么做，我感觉很崩溃。

最有力量、最牛的人，就是能控制自己的人

不要批评指责孩子，不要给他太大压力，首先要保护孩子的学习兴趣。有初中孩子的家庭，很多都有过这样崩溃的感觉。

家长要不断调整自己的心态，尤其是孩子在初中阶段，更不要大呼小叫。因为第一会破坏关系，第二基本无用，第三可能导致往坏的方向发展。要先调整自己的心态，疏导自己的情绪，对自己反复说“我必须平和，必须冷静”，直到情绪平复再和孩子沟通。

家长可以对孩子说："妈妈看到了你的努力。咱们慢慢来，三遍过不了，咱们四遍、五遍、六遍都没关系的，慢慢你会找到方法。"同时告诉孩子："妈妈有时候背书还没有你快，有时候也会跑神，咱们有意识地提醒自己。慢慢地，跑神时间会越来越少，这就是进步，你就是一个很棒的、很有毅力的人！"

还要告诉孩子："学会控制自己，很棒！最有力量、最牛的人，就是能控制自己的人。咱们学习一点一点来控制自己，有一点进步你都要自己表扬自己，也告诉妈妈，让我也一起高兴，给你加油。"

初中才刚开始，千万不要让孩子丧失学习的兴趣和信心，即使考倒数第一，也不能让孩子受打击，要让孩子仍然相信自己可以进步。要立足于孩子现状，有一点点进步，就要肯定孩子的努力。慢慢来，别焦虑！学习是场马拉松，这才刚刚开始！要保持好的体力和好的心态，陪伴孩子成长。

8/ 儿子顶撞老师怎么办？

儿子 12 岁，上七年级了，周四在操场集体开会时和同学闹着玩，被老师训斥。然后他顶撞老师，情绪激动，我被叫到学校，但是直到最后孩子也没有给老师认错。老师认为他平时就如此倔强，这个孩子有问题，管不了他，让他停课检讨。现在要求他在课堂上公开道歉，否则继续停课。孩子的执拗不是一两天就能改变的，但是课程也不能耽误，我该怎么做？

鼓起勇气为自己的行为负责

对于这个孩子来说，公开被批评和公开道歉都是难以忍受的事情。

首先，理解他，接纳他的情绪，告诉他如果是妈妈被人当众批评，一定也会火冒三丈，也会忍不住顶撞的。

其次，告诉他："我们敢于和老师对着干，证明我们是有勇气的，不惧怕权威。老师让我们当众道歉，我们为自己的行为负责，更是一种具备勇气的行为。并且每个地方都有规则，比如每个国家的法律都不同，到哪个国家就得遵守哪个国家的法律，即使你认为制定的法律很可笑、很荒谬，因为不遵守就会受到惩罚。在学校这个老师的课上，他就说了算，即使他错了，我们仍然需要听他的。我们有两种选择：不听老师的，不理他，也不上学了，由此没办法通过学习完成自己的一些梦想，只是为了和老师赌气，证明老师看我们的眼光是正确的；我们道歉，鼓起勇气为自己的行为负责，通过学习完成自己的梦想，证明老师的看法是错误的。"

最后告诉他："妈妈知道你是一个智慧的孩子，知道你会做正确的选择，妈妈爱你。"

9/ 孩子受了侮辱如何处理？

女儿 12 岁了，上七年级，晚上和我聊天时问我："如果一个人在大庭广众之下骂你，你会怎么办？"原来，女儿在校园里骑自行车的时候，遇到一个暴躁的男生，他自己不小心撞到了女儿的自行车，却在很多同学面前大骂女儿。女儿感到很屈辱、愤怒。我应该怎么帮助她？

安抚，并解决问题

最重要的是先安抚和疏导孩子的情绪，让她对自己的内心不断地说“我感受到了愤怒、屈辱”，疏导她的情绪使她平复下来。同时，让她对自己说：“我没有办法改变他人和环境，但可以改变自己，不让自己受到伤害。我爱我自己，给自己一个大大的拥抱，允许自己难过，同时自己更要走出难过。”

还要告诉孩子：“你没有做错，是他的行为有问题。我们不为别人的错误埋单，遇到这种事情你能够迅速地离开，做得非常好。”要肯定孩子的做法，不让孩子因为受到辱骂感到自身没有价值，不值得被尊重。用拥抱告诉孩子，你很爱她，她是有价值的，值得被爱、被尊重。

最后，和孩子一起商量解决方案，怎样处理这个问题更好。例如，如果知道那个男孩是哪个班级的学生，可以告诉学校老师，让老师找到他解决问题并让他道歉。同时，告诉孩子，如果孩子需要家长支持，家长一定会帮助她一起找老师。

成人成长焦点问题

1/ 学生骂我，我该怎么办？

我是一位高中老师，一次上课时有两个女生要去卫生间，我看她们着急就让她们去了。过了一会儿，又有一个男生也要去卫生间，因为快下课了，我想让他听完，就没让他去。结果这个男生很生气，给我发了一条极其不堪入目的辱骂短信。很难想象，一个十六七岁的孩子会做出这样的事！

我感觉自己对问题学生的教育彻底失败了。我觉得有必要和他好好谈谈，可我真不知道该怎么和他谈。

你的价值不会因为被人骂而降低

经常有家长指责老师不够爱学生，事实上很多有责任心和爱心的老师也同样受孩子伤害，被拿走了力量。这也是家庭教育出现的问题。

这个孩子对待老师的方式，只是他对待社会以及自己家庭的一个缩影而已。不必生气，也不必对出现问题的孩子失望，因为青春期孩子受激素水平的影响，内在就有一股躁动，当他管理不好情绪时，就会选择用语言攻击或者其他暴力的方式来宣泄。

老师对这件事要释然，对自己说："我是完美的，我的存在是有意义和价值的。我是成年人，可以为自己的人生负责。我的价值，不会因为有人骂我就降低。我接纳自己，我爱自己。"

勿以善小而不为，不放弃任何一个孩子，有机会尽量找这个孩子谈谈。不说对错，只说自己收到短信的感受，表达那份伤心、愤怒。一方面接纳他的情绪，告诉孩子："当时不让你上卫生间，你一定也很愤怒！"另一方面表达自己的看法，每个老师内心都希望学生多学习一些知识，成长得更优秀，因为老师爱每一个学生。最后和学生沟通，告诉他，既不伤害他人又能表达自己想法的处理方式才是最好的。

2 我既恨养母又恨亲生父母，怎么办?

我从小被亲生父母遗弃，是养母把我养大的。在我15岁那年，养母发病，就让我弃学跟着哥嫂打工。哥嫂对我不好，我特别没有安全感，不相信任何人了。结婚以后，先生很爱我，儿子3岁了，聪明可爱。但我还会时时想起和怨恨我的生母和养母，觉得她们都不爱我、不关心我。我每天都不开心，看什么都是负面消极的，感受不到幸福。我担心会影响到孩子，我该如何做?

一念之转，两个方向

想要给孩子幸福和快乐，我们首先要调整好自己的状态，让自己先感受到幸福和快乐。当我们对周围的一切满怀感恩的时候，就会接收到幸福的能量。

对待自己的养母和亲生父母，都要心怀感恩。因为亲生父母给了我们生命这份最大的礼物，让我们有机会来到人世间体验人生。养母本没有义务养我们，却把我们养大，对于她的养育要感恩，不要苛求她做得和亲生父母一样。

学习爱自己、疗愈自己，对自己负责，过去的已经过去，在每一个最珍贵的当下，我们可以做选择，是带着纠结怨恨度过，还是带着感恩愉悦度过?一念之转，两种生活的方向。把心念转化，去往正面、积极、阳光的方向。这样做既是一种自我解脱，更是对身边人的一种全然接纳，这会让大家都感到轻松、愉悦。

3 父母总是吵架怎么办?

父母总是吵架，我每次都劝，但每次都起到反作用。可能是我的方法不对，我该如何去做？

除了爱，我们要做的还有尊重和接纳

做子女的首先要学会对父母的人生理解，理解吵架也是他们相处的模式。

用爱在心里对他们说："我爱你们，这是你们的人生，我只是个孩子！"不要试图改变父母，你会感到无力，而且没有效果。我们要做的是尊重和接纳，做好一个孩子该做的事情。

4 妈妈当着孩子的面打我，我该怎么做？

我怀二胎后妈妈主动来我家帮我做家务，我很感动，因为我小时候和我生大宝时，她对我一直很冷漠，甚至经常指责我。可是她来后不久，就对我家的衣食住行进行批评，强迫我们按照她的想法生活。

最让我不能忍受的是，她竟然讽刺挖苦我的孩子，说我的孩子胆小、小气。她这样贴标签，让我很担心会影响孩子的心理健康，于是我就说了她。没想到她大发雷霆，还动手使劲打我。我还怀着孕呢，而且这一切都被大宝看到了。经过这么多学习，我却始终无法跟妈妈建立起很好的关系，我觉得自己很虚弱、很可怜，真不知道该如何跟她相处。

我的生活我做主

我们有这样的父母，与他们的相处就是我们人生必修的功课。

慢慢来，接纳自己的情绪，允许自己伤心。童年时就被妈妈打骂的小女孩，已慢慢长大，如今已经工作、结婚，有了自己的家庭，完全有能力面对自己的生活和家庭。妈妈还是妈妈，她还是那样，但是你长大了，你不同了。

你可以微笑着看着妈妈，在想象中对她说："妈妈，我爱你！小时候我怕你，现在我长大了，你改变不了我们，你很痛苦……我接纳你是我的妈妈，因为你给了我世界上最重要的礼物——生命。你已经做了能做到的，因为你没有我现在的机会去学习成长。我的生活，我来做主，我会想办法改变自己，改变教育孩子的方式……同时，我接纳你。"

家庭不存在对错，谁先认错不重要。请处理好情绪，然后做正确的事。

5 孩子缺少父爱怎么办？

孩子 10 个月时，他爸爸和我离婚了，因为种种原因，一直不愿见我们。现在孩子 21 个月了，在儿子的家庭教育当中，父爱一直是缺失的。孩子成长还算好，虽然淘气但懂事，就是有时候缺乏安全感和胆量，比如带他上游泳课时他不下水，适应环境很慢。这是不是和父爱缺失有关？怎样才能让孩子受到的影响最小？

男性亲属也是力量的补充

在孩子成长的过程中，如果我们给不了孩子最好的，就只能尽力给予孩子我们能做到的。我们在陪伴孩子成长的过程中，一定要在孩子心目中树立爸爸的正面形象和力量，无论任何时候，不要诋毁他爸爸。告诉孩子，他的爸爸因为一些原因没和他生活在一起，但是爸爸非常爱他，给孩子内心植入力量。

要找一个爱孩子、积极、阳光的男性亲属，可以是舅舅、叔叔、爷爷等，和孩子多接触，多陪伴孩子做一些体现男性力量的运动或者游戏，让孩子有榜样，锻炼孩子的胆量和力量。

6 父母偏心，我怎么办？

为了我的家人、我的家，我竭尽所能地付出着，尤其是真心地对待我的妈妈。可一直以来，我都觉得妈妈更偏爱哥哥、姐姐，家里的家务都是我做的。从小到大，妈妈从来没有主动给我买过一件衣服，而姐姐上初中时，穿的衣服已经动辄几千元一件。

从小大家都觉得我脾气不好，可是我也有累的时候，也想被妈妈重视。可是累的时候妈妈不理解，反倒噼里啪啦过来骂我小心眼儿！家人还不满意我的先生，对他不尊重。但庆幸的是，我的先生很优秀，无论从品质上还是责任心上都值得我珍惜。妈妈急需用钱的时候，我和先生拿出打算买房子的80万给她用，我做了我能做的一切。为什么父母看不到我的付出，总那么偏向哥哥、姐姐？

感恩父母给予生命，生命给予我们爱和力量

感受到了你的难过，你的原生家庭和核心家庭要分清楚，心里要有界限，因为爱每一个人，所以才更要有界限。你给予家人爱的限度，应以你的心不纠结为度。如果认为妈妈开口要钱，80万全给很纠结，就不要给，或者少给，给到你感到舒服的度为止。

问问自己的内心，有没有拿自己的付出作为砝码去索求爱，这样会很辛苦并容易受伤。在匮乏爱、索求爱以及比较爱的当下，我们还是孩子的状态，不是成年人自我负责的心智。不管妈妈此刻再给多少关注，都很难全部弥补童年的匮乏，有可能那个童年的小女孩会更加伤心，甚至会赌气，说："我想要的时候不给我，现在给也晚了，不要了。"

我们已经长大成人了，我们要以成年人状态看待内在的匮乏。要感恩她给予的生命，生命给予我们爱和力量，这些足以让我们走好自己的人生路，幸福生活。如果我们内心还觉得不够，可以用其他的方式来获得。

接纳父母，他们和我们一样不完美，但是已经竭尽全力做了他们能够做到的。做得让我们不满意的，我们可以在心里说出来，可以不接纳。但是这些不满意的部分就宛如海洋里的几盆污水而已，不影响浩瀚的生命礼物带来的爱。学习深呼吸，当感觉不好的时候，对内在说出这份不舒服。

父母有他们对待每个孩子的方式，面对父母的偏心，我们可能会难以接纳。有一个小技巧，对待自己亲生父母，如果自己真的无法疗愈内在的不舒服，也可以想象瞬间回到小孩子状态，走到父母面前，或者在心里想象父母站在面前，去撒撒娇、闹闹情绪，直接表达："妈妈，我觉得你们太不重视我了，我觉得不公平，我心里不舒服……"表述完以后，再回到成年人状态，继续为自己的幸福负责。

7/ 离婚后发生尴尬事，我该如何处理？

我和丈夫离婚了，但一直没有给女儿说，因为我和丈夫约好永远瞒着女儿。女儿已经 6 岁了，她爸又找了个女朋友，让女儿称她为阿姨。前几个月，她爸和女朋友带着女儿出去玩了两次，女儿回来说，在爸爸的新房子里，爸爸、阿姨和她睡在一张床上。

在女儿不知道我们已经离婚的前提下，对于孩子爸爸这样做，我感到非常愤怒，怕对女儿产生心理影响。这个问题应该如何处理比较好？

保护孩子不受伤害是双方共同的责任

因为以后很难避免类似的问题，要先和孩子沟通，如实地告诉孩子：“爸爸妈妈因为自己的原因分开了，但是和你没有任何关系。我们都很爱你，爸爸妈妈一样是你最亲的人。我们的分开，不影响爸爸妈妈爱你，也不影响你爱爸爸妈妈。但是因为我和爸爸分开了，爸爸会找到一个相互喜欢的人，可以住在一起，你就多了一个人爱你。妈妈将来也会找到一个相互喜欢的人，你会再多一个人爱你。”

另外，为了孩子的健康成长，建议还是找机会和孩子爸爸聊一聊，两个人思想一致地和孩子沟通。如果这件事你感觉受伤了、很在意，孩子会承接你的能量，她也会感受到伤害。你要接纳离婚这个事实，调整自己，才能保护并引导孩子不受伤害。在双方心平气和、都放下指责抱怨的情况下和孩子爸爸沟通，一起向孩子说明离婚的事实。因为隐瞒真相，会形成隐形的动力，同样有可能伤害到孩子，她会感受到家庭有秘密，会缺乏安全感，会焦虑和恐惧。

爱自己，拥抱自己，调整好自己的心态，心情愉悦地生活每一天，才是让孩子免受心理伤害的最好方法。

不忘初心，方得始终

这些年，我遇到过很多处在焦虑中的家长，他们大多对孩子要求完美、期待很高，总觉得孩子这也没做到，那也没做好，没有达到自己的要求。他们焦虑孩子的不良习惯，焦虑孩子的成绩，焦虑孩子的未来，等等，使自己和孩子都活在焦虑中。还有一些家长，对孩子的教育束手无策时，就开始失望，感到无力、无助，甚至逃避，有的干脆想放弃。尤其孩子处于青春期的家长，有这样反应的比较多。

事实上，在孩子成长的过程中，家长们有这些反应也很正常。只是当我们看到了自己对孩子的焦虑或有了想要放弃的想法时，要告诉自己："我不是孤单的，大部分的家长都有和我一样的感受。"同时给自己输入力量，输入信念，植入信心，告诉自己："一定有更好的方法可以帮到我，帮到我的孩子，只是我还没有找到，我需要去学习，要始终不放弃、不抛弃。"

在陪伴孩子成长的过程中，是不是只要我们按照好的教育方法去教育孩子，就一定可以培养出优秀的孩子？当然不是，还有遗传、环境、机遇等很多因素在里面。但是，我们学习一些好的教育方法，至少能够最大限度发掘孩子的潜力，增加培养优秀孩子的概率，避免一些影响孩子发展的不利因素产生，不至于孩子长大以后留下这样那样的遗憾。同时在陪伴孩子成长的过程中，我们要调整心态，好好享受陪伴孩子成长的快乐，不忘记生育孩子的初衷，感恩孩子出现在我们的生命中，让我们有机会和孩子体验丰富多彩的人生。

珍惜和孩子在一起的点滴时光吧！陪伴并感受孩子心智的成长，

是每个家长人生中最快乐、最辛苦，却又最幸福的课程。

酝酿写这本书，至少有三年时间了，因为事务太繁杂，一推再推，但内心深处始终仿佛有个声音，清晰而坚定地提醒着我，要把十几年来在教育这条道路上收获的所思、所想、所感记录下来。这些生动的事例是弥足珍贵的具有教科书价值的资料，将帮助许许多多 0 ～ 12 岁的孩子家长解疑释惑，学会正确的爱的方式，学会培养孩子，成就自我。这是我的一个心愿，更是一位教育工作者的责任与梦想。

这本书的内容，有多年以来的学习心得和体会，有实践经验和理性思考，也有和老师、家长们一起互动交流碰撞出的思想火花和收获。

感谢著名作家、郑州大学文学院院长二月河老师欣然作序，这是对教育事业、对下一代的款款大爱。感谢科学家、发明家、五笔字型创始人王永民先生的鼎力支持，亲自给睿智人生青少年训练营的孩子们上课指导，包含着对儿童教育的浓浓情怀。

感谢华人世界国际级 NLP 大师李中莹先生，作为李老师的学生，能够得到他的肯定和支持，内心无比荣幸和激动。

同时也感谢海燕出版社黄天奇社长和宋国云主任、闫慧斌编辑的悉心帮助和指导，并提出了宝贵意见和建议！

还要感谢何建平老师，她于我亦师亦友，为本书提供了很多指导和帮助。以邢小平、高伟玲、杨普、柏伴雪、江宛霞、张艳等为代表的家长及朋友们，多年来对我以及东方新教育和东方宝贝儿童之家团队的信任和支持，在这里也一并致谢！大家给予了我和团队巨大的力量，感恩一路同行！最后，感谢团队中以张琳、翟向、史惊鸿、白丽娟为代表的所有伙伴们，这本书是和大家一起在工作中实践的结晶，在这个团队里，我感受到满满的爱和温暖。

书中难免出现有失偏颇的地方，敬请批评指正。

郭飞霞

2017 年 5 月 1 日

参考文献

[1] 李中莹．李中莹亲子关系全面技巧［M］．北京：北京联合出版公司，2015

[2] 李中莹．简快身心积极疗法［M］．北京：北京联合出版公司，2015

[3] 蒙台梭利．儿童之家：蒙台梭利早期教育方法与训练指南［M］．天津：天津社会科学院出版社，2007

[4] 吉诺特．孩子，把你的手给我［M］．张雪兰译．北京：京华出版社，2004

[5] 孙瑞雪．捕捉儿童敏感期［M］．北京：中国妇女出版社，2011

[6] 托利．当下的力量［M］．曹植译．北京：中信出版社，2013